理解
·
现实
·
困惑

心理学家可以解答的教育问题

小学审辩阅读教学系列丛书

# 审辩阅读：教学理论与实践

李文玲　主编

中国纺织出版社有限公司

# 内 容 提 要

审辩思维与创新能力是未来社会必备的科学素养。审辩阅读教学是将审辩思维的思维方式融入阅读过程中，通过阅读策略的学习，逐渐培养学生的审辩思维和创新能力。本书结合审辩阅读教学案例，全面介绍了审辩阅读的理论与教学方法，通过学科教学帮助中小学教师有效培养学生的审辩阅读素养。

## 图书在版编目（CIP）数据

审辩阅读：教学理论与实践 / 李文玲主编 . -- 北京：中国纺织出版社有限公司，2023.5

（心理学家可以解答的教育问题）

ISBN 978-7-5229-0287-6

Ⅰ.①审… Ⅱ.①李… Ⅲ.①阅读课－教学研究－中小学 Ⅳ.①G633.332

中国国家版本馆CIP 数据核字（2023）第018197 号

---

责任编辑：刘宇飞　宋　晨　　　责任校对：高　涵
责任印制：王艳丽

---

中国纺织出版社有限公司出版发行

地址：北京市朝阳区百子湾东里 A407 号楼　邮政编码：100124

销售电话：010—67004422　传真：010—87155801

http://www.c-textilep.com

中国纺织出版社天猫旗舰店

官方微博 http://weibo.com/2119887771

北京华联印刷有限公司印刷　各地新华书店经销

2023 年 5 月第 1 版第 1 次印刷

开本：710×1000　1/16　印张：11.75

字数：150 千字　定价：58.90 元

---

# 小学审辩阅读教学系列丛书 ▶

总策划：李文玲　罗　坤

总主编：赵　微　李文玲

编　委：罗　坤　李　军　向天成　邵建成　刘朦朦　张　丽　陆梓瑶

# 总 序

## 审辩思维：与未来同行的工具

谢小庆

北京语言大学教育测量研究所原所长

中国教育学会统计测量分会学术委员会副主任

中国心理学会测验专业委员会理事

2019年1月21日，在中央党校"坚持底线思维着力防范化解重大风险"专题研讨班上，习近平同志提出：要高度警惕"黑天鹅"事件。今天回头看，他的警告是及时的。

现如今，学校中的学生们将遭遇许多以往经验无法预测的事件，将遭遇许多被以往经验认为是"不可能"的事件。帮助孩子、学生为他们将要面对的世界作好准备，是家长和老师们的责任。编写这套"小学审辩阅读教学系列丛书"，就是为了给家长和老师们提供支持。

生病后是否去看中医？高考必考科目中是否应包含外语？能不能吃转基因食品？是否应开征房产税？在股票盈利2毛钱时，是落袋为安还是持股待涨……实际上，基于不同的逻辑起点，对许多重要问题可以作出截然相反的回答。面对这些难题，仅靠传统的"观察—归纳—演绎"的问题解决思路是不够的，仅具备逻辑思维能力和分析推理能力是不够的。为了在实际生活中作出选择、进行决策，还需要具备审辩式思维（Critical thinking）。面对这类没有唯一正确标准答案的难题，需要的不是依靠事实和逻辑"发现"解决办法，而是需要借助审辩式思维所进行的论证"选择"解决办法。

以往，许多具有"正确答案"的问题需要有知识的人通过"观察—归纳—演绎"的方式，借助相关知识和逻辑推理找到解决方法。例如，测量一棵高达十几米的树的准确高度，计算火车从A地出发抵达B地的时间，根据上月的产品销售情况制订下月的生产计划等。不用很久，这类依赖知识积累和逻辑推理就可以解决的问题，都会由计算机和人工智能（AI）来完成。就像逐步在中国象棋、国际象棋和围棋等技能领域战胜人类一样，AI将很快在这类仅仅需要知识积累和逻辑推理就可以胜任的工作领域超越人类、取代人类。在解决这类问题方面，AI不仅速度更快、不会疲劳和懈怠，而且具有更高的稳定性、可靠性和准确性。

移动互联和AI带来的这种变化，向教育提出了新的挑战。移动互联时代，个体拥有的知识再丰富，也远不及"百度"和"谷歌"。今天，国际教育界已经达成共识：创新始于对成说的质疑，审辩式思维是创新型人才最重要的心理特征。教育最重要的任务之一是发展学生的审辩式思维，审辩式思维是最值得期许的、最核心的教育成果。教育，重要的已经不再是培养有知识、有逻辑的人，而是培养具备审辩式思维的人；学习，重要的不再是学知识、学逻辑，而是学思维、学论证。

毛泽东同志曾经说："我们不但要提出任务，而且要解决完成任务的方法问题。我们的任务是过河，但是没有桥或没有船就不能过。不解决桥或船的问题，过河就是一句空话。不解决方法问题，任务也只是瞎说一顿。"①
他的话，值得今天关心教育问题的人们思考。今天，许多人已经认识到发
展学生审辩式思维的重要性，但是，如果不解决"如何培养"的问题，发展
审辩式思维就是一句空话。李文玲教授等编写这套丛书的主旨，就是希望
回答"如何建桥"和"如何造船"的问题，就是希望回答"如何培养和评
估审辩式思维"的问题。

　　这套丛书对"如何培养"和"如何评价"审辩式思维的问题进行了深入
的探讨，提出了一系列切实可行、具有操作性的建议，可以为教师、家长提
供行之有效的帮助。

　　这套丛书系统介绍了审辩阅读教学的概念、理论与方法，包括审辩阅
读的理论框架、审辩阅读与写作策略、审辩阅读与写作的测评、审辩阅读
的合作学习等。书中还讨论了一系列有关审辩阅读的问题，如阅读与思维
教育的关系；审辩思维和创新的关系；审辩阅读教学在小学和中学的区别；
审辩阅读与整本书教学；审辩阅读与项目式学习；合作推理讨论在中小学
课堂的实施步骤，合作推理讨论与传统教学的有机融合；为什么要"包容
异见"，为什么要包容和理解不同的个人偏好和价值取向；怎样激发阅读动
力；怎样培养独立思考能力；怎样创设既有真实情境又有深刻思考的课堂
氛围；怎样进行对话式教学；怎样展开启发性问题引导；怎样实现可视化
内容呈现等。

　　这套丛书包含了关于审辩阅读的系列研究，这些研究借助系统分析法、
教育实验法和问卷调查法，对小学语文审辩式阅读教学的基本理论形式和
具体实践方式进行了系统研究，研究了审辩式阅读教学的操作策略、设计
思路、实施过程和评价路径，分析了审辩式阅读教学实践的具体影响因素。

---

① 毛泽东：《关心群众生活，注意工作方法》，载《毛泽东选集（第一卷）》，北京，人民出
　版社，1991。

　　这套丛书包含了两本教学指导，分别是《小学审辩阅读教学指导实务（中年级）》和《小学审辩阅读教学指导实务（高年级）》。这两本书围绕阅读教学的信息提取、分析推理、整合诠释、反思评价和创意应用五个环节，呈现了 37 篇审辩阅读教学案例，为读者提供了教学建议。

　　我和本丛书的主要编写者李文玲教授，都是北京师范大学张厚粲先生的博士生。1991 年她获得博士学位后，赴美国伊利诺伊大学香槟分校心理系，从事关于儿童阅读的博士后研究，继而以高级科学家的身份任职于伊利诺伊大学儿童阅读研究中心，从事儿童阅读研究。当时安德森教授是儿童阅读研究中心的主任，他曾担任美国最大的教育组织"美国教育研究协会"（AERA）的主席。李文玲教授与安德森教授，还有北京师范大学的舒华教授（也是张厚粲先生的博士研究生，曾担任北京师范大学心理系主任）曾一起开展针对中美儿童的跨国阅读的比较研究，该研究持续了九年时间，他们发表并出版了大量的研究论文及书籍。从 1996 年开始，李文玲教授与安德森教授、北京师范大学舒华教授一道，在国内推动了幼儿"分享阅读"项目，惠及全国几千所幼儿园。从推动"分享阅读"项目开始，她几乎每年都会回国讲学，帮助中国教师提高阅读教学水平。作为她的同门同学和朋友，我亲眼目睹了她不遗余力地为推动中国儿童阅读发展所付出的努力。现阶段，她的研究方向包括儿童阅读的跨文化研究、双语研究、儿童语言能力测评、阅读分级、审辩和创造性思维等。我个人认为，李文玲教授和舒华教授属于中国儿童阅读研究领域造诣最高的学者。

　　本丛书的另一位主要作者、陕西师范大学教育学部的博士生导师赵微教授也是我的朋友，我们相识于培训偏远地区乡村教师的义务公益活动之中。我参观过赵微教授主持建立的专门服务于小学学习落后学生的学生发展支持系统——陕西师范大学实验小学学习支持中心，印象深刻。她不仅具有儿童心理发展方面的深厚理论素养，而且一直投身于儿童学习落后的认知、学业与心理行为支持的实践，积累了丰富的成果与经验。如今，她是陕西师范大学特殊儿童认知与行为研究中心的负责人，2020年她被聘为教育部基础教育特殊教育工作指导专委会委员。

2019年12月2日至4日，我曾经在陕西师范大学实验小学参加"聚焦课堂教学，熔铸课程品牌"专题研讨活动。其间，认识了本丛书的主要参与者——陕西师范大学实验小学校长罗坤和陕西师范大学实验小学副校长、陕西省语文特级教师李军。罗坤校长和李军校长长年工作在基础教育一线，直接参与了大量审辩阅读的实际探索，获得了许多来自教学实践的感悟和体会。在两位校长的带领下，实验小学的许多老师开始挑战自我，尝试改变自己已经习惯的教学方式，大胆走出自己封闭的舒适区，认真研究学情、研究教情，关注学生的思维形成、能力提升和价值抉择。

像所有的老师一样，本丛书的作者们希望学生们未来能够有稳定、体面的工作。与一些老师不同的是，本丛书的作者们想到了，在快速发展的21世纪，学生将来可能从事的行业今天或许尚未出现，今天的一些热门职业那时可能已经消失。他们认识到，不必强迫学生死记硬背一些可能很快会变得陈旧的特定知识，死记硬背一些很容易获得也很容易忘记的特定知识。这种强迫性的教育，浪费孩子们宝贵的生命事小，败坏孩子们的学习胃口事大。他们在思考：怎样保证孩子在未来的职业竞争中不会败于一部智能手机或一台机器人？他们想到，以往，在职场中稳操胜券的是"有知识的人"；未来，在职场中独领风骚的将是"会思考的人"，将是"有智慧的人"。

近年来，由于关注学生审辩式思维的发展和学生的成长评估（Growth assessment），我走访了包括陕西师范大学实验小学在内的不少学校，听了不少课，也接触了不少中小学老师。从城市到乡村，从小学到中学，从繁华的北京、上海、武汉、杭州到偏远的县城小镇、深山草原，我看到许许多多中小学教师正在努力为我国儿童创造更健康的发展环境，正在努力保护学生的好奇心、探索欲和质疑精神。他们在顽强地坚守初心，他们在勇敢地突破自己的"舒适区"，他们共同在深夜和凌晨守护那盏寂寞的孤灯。李文玲、赵微、罗坤和李军等几位老师，不仅是教育问题的认真思考者和研究者，更是实践者和力行者。他们合力完成的这套丛书，将为那些正在努力挽救"小范进"的中小学老师们提供帮助。我相信，中国的希望，中国的未来，就寄托在这些教师的坚守和突破之中。他们的努力，终将汇聚成巨大的力量，冲破束缚教育健康发展的局限，开创中国教育发展的新局面。

谢十佳

2022 年 5 月于北京

# 序 言

## 为什么要写这本书？

由于科学技术的进步，信息网络使我们面对信息量大、信息更新快的挑战，作为 21 世纪的人才，需要学会如何搜寻需要的信息，学会用审辩思维的方式去分析和判断获得的信息，并找到解决问题的有效途径；另一个挑战同样是由科学技术的进步带来的，由于信息通信的发展，国与国、机构与机构、人与人之间的竞争压力越来越大，我们要培养的下一代人才不仅要具备审辩思维的能力，还要具备创新能力。正因如此，我们的教育目标也从知识学习转变为能力培养，它需要年轻人具备审辩思维、创新能力，能够更加积极主动地、自信地处理各种问题。

审辩思维不是我们常说的普通的思维能力，按照比利戈和库恩的定义，审辩思维是一种谨慎思考后的辩论能力（Careful argumentation）（Billig, 1987; Kuhn, 1991, 1999; Kuhn et al., 1992）。当人们经过缜密的思考，提出问题并找到论据来支持其论点，这个思维过程就是审辩思维过程。恩尼斯总结说，审辩思维是一种具有推理的审辩过程（Ennis，1987）。它强调的是审辩过程，通过信息搜寻、分析、综合、推理、解析和评价来建立自己的论点，找到支持论据，同时要在考虑反方的论点/论据的基础上，不断地调整自己的观点，最后得出结论。

审辩阅读是将审辩思维的思维方式融入阅读过程中，通过阅读策略的学习，逐渐培养学生的审辩思维和创新能力。理解审辩阅读的过程，并且能够在教学中有效地应用和启发学生审辩思维的能力，这确非易事。我做教师培训已经有很多年了，多次讲解和介绍与审辩思维、审辩阅读及写作有关的教学理论和教学方法，老师们第一次听课以后，觉得很清楚了，但一到上课的时候，又会碰到各种各样的问题，感觉在教学中还有诸多教学操作问题。经过实验学校几年的教学实验后，我对培训的内容不断进行改进，也了解了老师们上课时经常会遇到的问题。我希望将有关审辩阅读的理论和方法清楚地写出来，便于老师们学习，同时我邀请了几位非常有经验的老师将他们的教学案例也放在这本书里，这样老师们再学习时就有了具体可参考的资料。我们会陆续将更多的课例写出来与老师们分享。

## 这本书是给谁写的？

这本书是为中小学的老师们而写的。希望老师们能够将培养审辩思维的教学方法融入自己的语文课教学中。我们希望能够将看似抽象的审辩思维教学法，以一种容易让老师们接受的方式呈现出来，结合具体教学案例，让老师们轻松地学会审辩阅读的教学法，让我们的学生能够在阅读的同时获得审辩思维和创新能力，为社会培养出更多有用之才。

## 如何阅读这本书？

《审辩阅读：教学理论与实践》系统地介绍了审辩阅读教学的理论与方法，包括审辩阅读的理论框架、审辩阅读与写作策略、审辩阅读与写作的测评、审辩阅读的合作学习、思维教育中的包容异见等。根据章节的内容，我们在每章之后收集了中小学优秀教师审辩阅读教学的教学案例，以帮助教师们更好地理解审辩阅读教学。

第一章，审辩阅读与思维教育。本章详细地阐述了阅读与思维教育的关系、审辩思维与审辩阅读的概念及理论、审辩阅读的教学理论框架，并为中小学老师提供了阅读教学的理论指导。

第二章，小学语文的审辩阅读教学。本章以一问一答的方式解答了很多小学语文老师的常见问题和教学疑惑，例如，小学语文教学为什么需要加入审辩思维的训练以及思维能力的重要性是什么？如何区别"审辩""思辩""思辨"以及"批判性"思维？审辩阅读课里包含审辩写作吗？小学语文课如何开展审辩阅读的教学？并通过一堂语文课展示了审辩阅读教学的流程。

第三章，语文教学中审辩阅读策略的培养。本章详细介绍了审辩阅读的教学策略，为老师们提供了教学的建议，并通过一堂小学一年级的绘本阅读课给老师展示了阅读策略的应用。

第四章，语文教学中写作策略的培养。本章详细介绍了审辩阅读与写作的关系，以及写作的教学策略，为老师们提供了教学的指导，并通过一堂小学的阅读课给老师展示了如何在阅读课中开展写作教学。

第五章，中学语文审辩阅读与整本书教学。本章分别讨论了中学语文教学的重点和难点；审辩阅读教学在小学和中学的区别；如何通过整本书阅读培养中学生的审辩思维，并以初中一年级学生《西游记》整本书阅读中"真假美猴王"篇章精读为例，探讨了如何在整本书阅读中运用审辩思维教学法。

第六章，中学语文审辩阅读与项目式学习。审辩阅读的培养主要有两条途径：一条是通过在文本阅读过程中阅读策略的训练来获得审辩思维能力，另一条就是语文课的延展——通过项目式教学模式开展探究和辩论。

这一章主要介绍如何在项目式教学中培养学生的审辩和创新能力。并以一堂中学语文课《论语·论孝》的教学为例来解释如何开展项目式教学，帮助学生提高他们的审辩思维和创新能力。

第七章，审辩阅读与写作能力测评。本章解释了阅读及阅读能力的概念和理论框架，介绍了国际常见的阅读能力测评，阐述了如何设计阅读与写作能力测评，介绍了小学和中学不同形式的阅读与写作测评。

第八章，通过合作推理讨论培养学生的核心素养。合作推理讨论是在教师指导下，学生主动参与和管理的互动式学习情境。在教学过程中，学生理解并深入思考没有确定答案的真实性问题，通过小组讨论得出结论并反思学习过程，在与他人的互动中完善原有的认识并形成新的理解。教师从主导者的角色转换为支持者的角色，引导学生自由发言、自由思考，逐步突破固有思维，形成良好的思辨能力。本章详细阐述了合作推理讨论在中小学课堂的实施步骤，讨论了如何实现合作推理讨论与传统教学的有机融合。

第九章，审辩思维教育中的辩论与包容异见。辩论是培养审辩思维能力的重要手段，审辩思维是许多智力活动的核心，但在辩论过程中，学生同时还要包容不同的价值观，理解人与人之间的个别差异，理解不同的个人偏好，理解不同的价值取向，这同样是审辩思维教育中值得老师注意的问题。

李文玲

2022 年 1 月

# 参编者

**李文玲** 博士 | **Wenling Li**

5C 教育研究院院长，教授，博士生导师。儿童心理学家，阅读教育专家，审辩与创造式思维教育的倡导者。

**赵微** 博士 | **Wei Zhao**

陕西师范大学教育学部教授，博士生导师。教育部基础教育教学指导委员会委员，中国心理学会学校心理学专业委员会理事，陕西省基础教育教学指导委员会特殊教育分会副主任委员，陕西师范大学特殊儿童认知与行为研究中心主任。创建了国内首个小学生发展支持系统——陕西师范大学实验小学学习支持中心。

**谢小庆** 博士 | **Xiaoqing Xie**

北京语言大学教育测量研究所原所长，中国教育学会统计测量分会学术委员会副主任，中国心理学会测验专业委员会理事。

## 杨向东 博士 | **Xiangdong Yang**

现任华东师范大学教育心理学系系主任、教授、博士生导师。中国教育学会学术委员，教育部基础教育课程教材专家工作委员会成员，2014 年高中课程标准修订综合组专家成员。上海市教育考试与评价指导委员会委员。2003 年获得美国堪萨斯大学量化心理学博士学位。主要研究领域为心理与教育测量与评价、认知测验设计、认知诊断测验、计算机适应性测验、应用统计与研究方法。

## 马淑风 博士 | **Shufeng Ma**

华东师范大学教育心理学系副教授。美国伊利诺伊大学教育心理学博士，清华大学博士后。师从美国著名儿童阅读研究专家、前美国教育学会主席 Richard C. Anderson 教授，研究小组合作学习对于儿童高阶认知能力、语言能力以及社会交往能力发展的影响。

## 王琦 | **Qi Wang**

北京京源学校校长，小学语文优秀教师。

## 李军 | **Jun Li**

特级教师，高级教师。陕西师范大学实验小学"名校 +"共同体副校长。陕西师范大学硕士生实践导师，"国培计划"学科培训专家，陕西省教学能手高级研修班导师、评委，负责的小学段国家课程"小学语文四、五年级（审辩阅读教学）"被认定为陕西省精品课程。西安欧亚学院小学教育专业课程指导专家，西安市莲湖区小学语文兼职教研员，西安市"名师 +"研修共同体主持人。曾获全国教科研优秀校长、陕西省"教学能手"、陕西省赛教一等奖、西安市"学科带头人"、西安市"十佳教师""优秀教师"。

## 向天成 博士 ｜ Tiancheng Xiang

教育学博士，贵州师范大学教师教育学院讲师，曾从事多年基础教育教学工作。发表学术论文二十余篇。主持贵州省教育科学规划项目1项，承担贵州省级"金课"课程建设1项，主持奕阳教育研究院青年学者研究项目1项。主要研究方向：儿童审辩阅读、乡村文化与教育。

## 严婷婷 ｜ Tingting Yan

北京师范大学教育学硕士，攀登阅读研究院研究员。

## 徐沙沙 ｜ Shasha Xu

北京师范大学文学硕士，北京市第一零一中学语文教师，北京市海淀区语文学科带头人。曾参与多项教育部研究课题，并多次获得教师教学奖项。

## 李媛 ｜ Yuan Li

东北师范大学中国古代文学硕士，北京市第二十中学语文教师，北京市第二十中学校校刊指导老师。曾参与多项教育部研究课题，并多次获得教师教学奖项。

## 张丽 ｜ Li Zhang

陕西师范大学实验小学语文教师，四年级语文组组长，优秀小学语文教师。

## 陈依伊 ｜ Yiyi Chen

北京京源学校小学语文优秀教师。

## 周茜楠 | Qiannan Zhou

华东师范大学心理与认知科学学院硕士研究生。主要研究兴趣为创造性思维训练、合作学习、学习评价等。

# 目　录

## 第九章　　审辩思维教育中的辩论与包容异见

参考文献

第一章

# 审辩阅读与思维教育

李文玲

**本章导读**

在介绍阅读教学时，我们为什么要提思维教育？阅读概念的变化、教育目标的变化，以及教学方法的变化都从不同的角度指向了思维教育。这是未来的教育方向。本章详细地阐述了阅读与思维教育间的关系，介绍了审辩思维与审辩阅读的概念及理论，最后介绍了审辩阅读的教学理论框架，为中小学老师提供了阅读教学的理论指导。

## 阅读与思维教育

阅读与思维教育有什么关系呢？进入 21 世纪后，阅读的概念发生了前所未有的变化。以前谈到阅读，大家会自然地想到语文。在语文教育中，我们关注的是语言文字、故事情节以及作者的情感表达等。而现在我们提到阅读，它所涉及的内容就不仅仅是语文了，还包括数学、科学等学科。我们现在学习数学，不是列出条件和求解这么简单了，学生看到的问题是一段文字，他们首先要对文字进行精细的加工，分析文字的深层意义，找出问题的症结以及已提供的条件，这才是下一步找到解决方案的基础。我们现在经常会听到"综合阅读""跨学科阅读"等概念，正说明了阅读在我们的生活中无处不在的事实，而且它的作用会越来越重要；阅读的另一层含义是阅读需要高级思维加工，在阅读时，我们不仅要理解文中的词汇，了解故事中的人物、时间、地点及事件，更重要的是，要在这个事实的基础上，分析和推理出它们之间的时间顺序、因果关系、文章主旨以及我们的阅读反思及态度，还要进一步提出我们的创意或应用。这个过程对读者提出了更高的要求，它不仅需要理解，还需要人们的高级思维能力。这就是为什么我们说阅读教育实际上反映的是思维教育。

## 一、阅读概念的变化

随着数字化时代的到来，阅读概念也在发生着巨大的变化。过去我们认为阅读是一个线性的过程，人们在阅读中获得信息的过程就是阅读，而现在我们在阅读时，不仅要获得信息，还要结合我们已有的知识经验对信息进行深层次的加工，如分析推理、整合诠释、反思评价以及创意应用，这是一个全方位的加工过程。这种深层次加工就是审辩阅读的过程，所以现在的阅读更准确的名称应为"审辩阅读"。表 1-1 比较了审辩阅读教学与传统的阅读教学的不同。传统的阅读教学注重文章的生字词学习、朗读，分析段意和中心思想，它是以教师为中心的教学。审辩阅读教学更加注重高级思维能力的培养，它是以学生为中心的学习过程，学习方式更多的是跨学科的项目式学习，内容与学生的生活更加密切；学生们有更多的机会思考、发表和诠释个人的观点，展开小组讨论，碰撞思维；演讲、辩论展示个人的学习成果；学生有更多机会去拓展，包括创新与制作。

审辩阅读教学使阅读教学活动变得更加丰富（跨学科的教学理念），通过提问、质疑、反思、辩论、演讲等活动全面地提高学生的思维能力，通过小组讨论、思维碰撞、合作创作、作品分享提高学生的社会化能力。

表 1-1 审辩阅读教学与传统阅读教学的比较

| 传统阅读教学 | 审辩阅读教学 |
|---|---|
| 诵读 | 诵读 |
| 字词学习 | 字词学习* |
| 故事情节、事实 | 关系、联系* |
| 段意 | 句子含义的解读* |
| 中心思想 | 文章线索的整合* |
| 教师为中心 | 学生为中心* |
| — | 合作讨论、演讲与辩论* |
| 写作 | 写作、制作与创新* |

注：* 表示有审辩思维培养教学活动的参与。

例如，对于学习文中的字词，过去我们只是学习字词本身的意义，现在我们不仅要学习字词的意义，还要理解它与上下文的关系，它的同义词、反义词等，学会如何使用该词汇。再比如，在文章线索的整合方面，过去，老师会总结段意和中心思想，现在老师会引导学生根据某些线索整合信息。整合信息不仅是总结中心思想，还要更加注重这一过程，通过对不同线索的信息整合，训练学生的思维能力。审辩阅读教学，不是否定我们传统的语文教学，而是在传统语文教学的基础上增强了对学生思维能力的培养，例如，在阅读过程中，增加与学生互动的频率，通过提问、互问、讨论等形式激发学生的思考；通过辩论、演讲、创作等形式提高学生的参与度，以及审辩和创新思维能力。

## 二、教育目标的变化

随着我们的学生步入高校或进入职场，要想取得学业或事业上的成功，仅有一定的知识基础还远远不够，死记硬背也无法适应新时代的学习需求，取而代之的将是终身的思考者和沟通者。因此，未来一代的年轻人要不断提高自己的思维能力，如资料的搜集、分析、整合、反思、应用与创新能力等，同时还要学习如何与他人合作沟通，只有这样才不会被淘汰。这对新一代即将进入社会的年轻人提出了更高的要求。我们已进入 21 世纪，面对全球经济及数字化技术快速发展的现状，我们究竟要把什么样的教育带入新世纪，以迎接挑战呢？大家都在讨论芬兰的教育改革，芬兰的教育世界领先，尽管如此，芬兰还是在对目前的教育不断进行反思，提出学校教育应该教孩子未来生活所需的技能，而不仅仅是为了提高学生的考试成绩。因此，他们提出基础教育核心课程改革的重心是提升下一代迎接未来挑战的能力。为了让学生具备应对未来挑战的能力，新的课程改革重点是：通过跨学科的教学，培养学生的综合素养。综合素养包括高级思维能力以及社会化能力两个方面。高级思维能力主要指审辩思维能力和创造力，社会化能力强调学生的沟通交流能力、合作能力以及社会意识。图 1-1 列出了 5C 核心素养。

图 1-1　5C 核心素养

核心素养是学生在受教育过程中逐步形成的、适应个人终身发展和社会发展需要的必备品格和关键能力。进入 21 世纪以来，为了适应未来社会发展对人力的需求，经济合作与发展组织、欧盟、联合国教科文组织以及美国、英国、新加坡、澳大利亚、芬兰等国家先后设计出"学生核心素养"框架内容体系。我国的《中国学生发展核心素养》于 2016 年 9 月 13 日发布，总体框架包括文化基础、自主发展、社会参与三大方面，综合表现为人文底蕴、科学精神、学会学习、健康生活、责任担当、实践创新六大素养。

为了能够更好地量化核心素养，我们将核心素养总结为 5C 核心素养：审辩思维能力（Critical thinking）、创造力（Creativity）、沟通交流能力（Communication）、合作能力（Collaboration）以及社会意识（Citizenship）。

审辩思维能力（Critical thinking）指对高阶思维技能的有目的应用，如分析、推理、整合、评价以及问题识别和解决问题的能力。它已成为 21 世纪培养人才的重要技能之首。

创造力（Creativity）指以联想、理解等能力为基础，以综合性、探索性和求新性为特征的高级心理活动。在激烈竞争的未来职场中，拥有创造力的个体将获得竞争优势，和审辩思维能力一样，它是我们教学改革的重点。

沟通交流能力（Communication）指将信息以口头语言、非言语或书面语言的形式有效地、清晰地传递给他人，并能够接受和理解对方传递的信息的能力。学习有效沟通的技巧可以帮助人们在彼此间建立信任和尊重，并有助于解决分歧。它同样是核心技能之一。

合作能力（Collaboration）指以多人或小组共同协作及互动的方式完成某项任务的能力。合作能力是必备的核心技能之一。

社会意识（Citizenship）指我们每一个个体对自己在社会中地位的自我认识，包括对社会地位、权利、责任和基本规范的意识。虽然不是我们说的"技能"，但它是在技能培养的过程中不可或缺的元素。

五个核心能力之间的关系密不可分。审辩与创造力属于高级思维能力，沟通交流能力、合作能力与社会意识属于社会情感能力。它们的关系就像我们经常提到的智商和情商间的关系。例如，沟通交流能力强调的是双向交流，沟通交流能力的好坏依赖于人们的语言能力，对语言的精准理解和表达能够大大地提高人们沟通的有效性；有效的互动与合作有助于审辩和创造思维能力的提高。同时，高级思维能力有助于语言的理解，以及语言表达的逻辑性和创新性，从而提高沟通交流能力；而良好的沟通交流能力也会促进与多人或小组共同协作及通过互动来完成某项任务的能力，有助于更好地理解人与人之间的关系、人与社会的关系，以及社会地位、权利、责任和基本规范等概念，提高个体的社会意识。

在未来教育中，如何培养上述核心技能呢？表 1-2 列出了传统教育与未来教育的对比。由于社会对人才的需求发生了变化，应社会的需要，教育也要进行相应的改革。世界在不断地变化，年轻人必须掌握新的思维方式去适应社会。现代的社会变化越来越快，越来越复杂，从局部到世界，某个小地方的社会问题都与世界紧密相连。各国的文化、价值观在以前可能相对独立，现在却时时刻刻影响着我们的日常生活。

表 1-2　传统教育与未来教育对比

| 传统教育 | 未来教育 |
| --- | --- |
| 知识的需求 | 技能的需求 |
| 理论的学习 | 理论与实际相结合 |
| 各国教育相对独立 | 多元文化，交流和合作 |
| 相对独立的学科教学 | 跨学科的整合课程 |

教育目标从原来的重视知识、理论的学习，逐步转向能力的培养和综合素养的提高，这一重大的方向性变化强调了思维教育的重要性。过去的教育注重知识教学，学得越多越好，越早越好，而在知识爆炸的时代，我们想学都学不过来。在未来的教育中，培养学生的思维能力、审辩和创造性的目标显得尤为重要；过去的教育各学科相对独立，注重理论的学习，

而缺乏与实际相结合的部分，未来教育更要注重与实际问题相结合，培养学生适应社会的能力；过去各国的教育相对独立，而未来各国教育的联结越来越紧密，要学会了解、尊重他人的文化背景和社会背景，学会聆听他人不同的意见和观点，学会与他人交流和合作。新的教育观念要以更加开放的教育理念，接受更加多元的文化。

## 三、教学方法的变化

### （一）教学方式

在传统教学中，教师站在课堂的前端讲授教学内容，学生坐在下面关注和聆听，课后独立完成作业，同学之间的合作是很有限的——我们称这种教学是以教师为中心的教学。而以学生为中心的教学将重心转移到学生身上，这种方法包括主动学习与合作学习两种形式。主动学习是指提出问题、解决问题、讨论、辩论等环节都是由学生主导的；合作学习是指将学生组成一个小组，大家协同去解决问题。大量的研究已经证明，它们比传统的教学法更加有效，特别是在培养学生的审辩和创造性思维、积极的人生态度、自信心等方面都展示出了极大的优势。

主动学习是相对被动学习而言的。图 1-2 被称作"学习金字塔"，它列出了学生采用的不同学习方式及其学习效果的比较。金字塔的最上端是指以授课为主的学习方式，学生对知识的获得和保存率是 5%，通过阅读获得 10%；增加技术支持，如视听或演示后，学习的保存率分别是 20% 和 30%。而小组讨论（50%）、动手操作（70%）和教予他人（90%）属于主动学习，是以学生为中心的教学方式。讲课和阅读属于以教师为中心的教学方式，讲课、阅读，视听教学和演示均属于被动学习。以学生为中心的教学可以使学生主动参与到与学习有关的活动中，增加学生与其他学生的沟通机会以及合作讨论的机会。

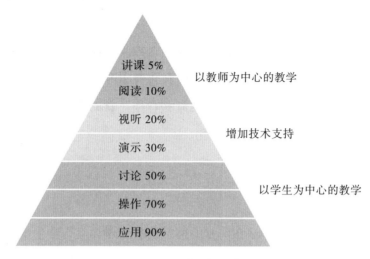

讲课 5%　　以教师为中心的教学
阅读 10%
视听 20%　　增加技术支持
演示 30%
讨论 50%　　以学生为中心的教学
操作 70%
应用 90%

**图 1-2　学习金字塔**

以学生为中心的教学使学生主动参与到与学习有关的活动中，并思考他们正在参与的活动。它有助于：

- 加强对重要概念和技能的学习；
- 给学生提供更多的、即时的反馈；
- 让学生以不同的方式学习；
- 给学生提供思考、讨论、理解的机会；
- 加强学生的学习动机；
- 给学生创造合作学习的氛围；
- 通过与他人的交流，增强个人的自尊与自信；
- 增加学生与学生、学生与教师相互交流的机会。

教学方式的转变也意味着教育更加注重学生能力的提高，鼓励学生主动、自主地学习。在主动学习中，学生必须掌握学习策略，学会学习。这就要求学生提高他们的思维能力。

## （二）教学形式

21 世纪对人才的要求是综合素质的全面发展，它给我们的基础教育带来了巨大的挑战——如何更有效地培养 21 世纪需要的人才。那些"应试教育"培养出来的人才明显不符合 21 世纪对人才的要求。于是，教育工作者开始从基础教育着手，寻求更加符合我们时代要求的课程设计，于是，"整合课程"被提到了前台。（整合课程的教学理念立足于"人是整体，教育是整体，生活是整体"的观点，提倡将不同学科的教学整合在一起。我们经常听到的"主题教学"就是整合课程的一种表现形式。整合课程是一种试图打破学科之间的壁垒、将学习变得更有意义的教学方法，它通常围绕主题进行教学），如"鸟的生活""书法鉴赏"，或是"气候"这类主题。首先，教学主题和学生们的生活密切相关，教师把主要概念从这些主题中抽取出来，并运用活动等形式对概念进行教学。例如，在题为"鸟的生活"的整合课程中，学生可以通过阅读关于鸟的生活习性的文章（课本中的文章或者课外读物）、关于鸟的新闻等，了解鸟的生活知识，同时提出问题，例如，为什么城市的鸟越来越少？鸟的生活与人类生活有什么关系？从而引导学生做进一步的研究，如环保意识调查等，进一步回答自己提出的问题，并设计有关保护鸟、保护环境的宣传广告。通过这个例子，我们可以看到如何在整合课程中获取知识。过去的语文教学仅仅是阅读文章，而整合课程是将各学科知识有机地融合起来，让学生们不仅学习知识，还培养解决问题的能力，提高学生的审辩和创造性思维能力。

　　整合课程是一种有效的教学形式，因为它与我们大脑工作的生理方式相对应。整合课程不是将学习内容分成独立的分区知识，正如我们的大脑不是将知识分成孤立的部分，而是生成一个复杂的信息网络进行模式加工。此外，在已知的范围内或经验的基础上进行学习将有助于大脑记住更多有效的信息。同时对获得的信息资料进行有效的加工、分析、组织和推理，这会使大脑在一个与外界互动的环境中发育，这种深层的大脑加工活动会更加刺激脑细胞的活动，使脑活动更加积极，也使学生的高级思维能力得到进一步的开发。整合课程利用人脑现有的功能特点，更加符合大脑的自然功能。

核心素养是学生在接受相应学段的教育过程中逐步形成的适应个人终身发展和社会发展的必备品格和关键能力。从教育发展的大趋势来看，培养孩子了解世界、认识世界以及解决问题的能力一定是各国教育的共识。而在这一教育改革的过程中，跨学科或整合课程将会是一条必经之路。人文学科的教育是以语言为核心的，遵循主动学习的教学原则。它鼓励学生在课堂上与教师一起积极地参与到学习中。主动学习的教学方法包括简短的教学活动，如期刊写作、问题解决和小组讨论，以及较复杂的教学活动，如案例研究、角色扮演和基于团队的探究式学习等。在语文教学中，每一篇文章就是一个主题，它会涉及多学科的知识和内容，通过主题教学活动，培养学生积极的情感体验以及研究技能、语言表达、合作、高级思维能力、社会意识、责任担当等。

除了与脑功能兼容，整合课程的教学还可以帮助学生在任何情况下应用所学的概念，而不是那些应用范围有限的情况。这种整合课程也许不能让学生在短期内看到知识的增长，但有利于学生的长远发展。我们不能教给学生所有的事实，因此，我们最好教他们如何思考事实。例如，考虑到不同主题，我们在教学中导入了数学、社会、科学、健康和艺术等学科内容，教学活动的设计更加注重贴近学生的生活，培养学生各方面认知和思维技能。技术革命、信息革命不断地冲击着我们的生活，现在人们的生活很难离开计算机和手机。越来越多的人开始使用手机购物、打的（计程车）、订餐以及学习。在线教育已经慢慢融入了我们的生活。许多学校开始将教育技术应用到课程设计中。这些教育技术将帮助学生获得更加综合的技能。而当教育技术被整合到课程中时，我们的教育也将发生革命性的变化。这就要求我们的老师不断学习、与时俱进，掌握最新的教育技术。

如果能够将语言课与其他课程整合起来，教师就能够有效地提高学生的综合素养。例如，将其与历史、地理和经济等内容相结合。对于一些社会或历史问题，学生需要从不同的角度深层理解问题，对不同的背景、不同的证据进行整合、分析、推理等，他们必须能够对信息来源提出质疑，对不完整资料进行解释，评估信息资源的可靠性，并利用证据进行辩论等。对待地理问题也一样，通过逻辑思考评估和使用证据，对问题进行解释、分析和论证，并作出决策。很多问题没有简单的答案，它需要学生们分析不同人群的观点、价值观和态度等，在作出决定时，学会解决分歧。

将语言课与艺术课相结合，帮助学生将他们的思维能力、好奇心、想象力融于他们的作品中，如问题的提出，想法的探究，空间、材料及技术的应用。鼓励他们考虑各种可能性及选项，勇于表达自己的想法和感受；接受他人的反馈，分享艺术作品，展示创造性等。通过学生的想象力、创造力以及对想法的评论，发展他们的审辩和创造性思维能力。将复杂的、没有直接答案的问题抽象化，这能够帮助学生发展推理能力。当前的信息、数据、系统、工具、设备都在影响着我们的生活，如果有更好的设计和管理经验，我们就可以对它们进行更加有效的使用。使用数字化工具、软件等进行实验、绘画、建模、设计可以帮助学生发展他们的视觉、空间思维，并产出解决方案、产品设计等。学生的听说读写、创作、表达、与他人交流等涉及对观点的分析、理解、假设。在讨论过程中，学生必然要表达、分享个人观点、应对他人的看法等。在创作个人作品（文字的、视觉的、多媒体的）时，要鼓励其想象力、创造力。

将语言课与数学、科学课进行整合同样可以培养审辩和创造性思维能力，如不同的计算策略的选择、统计计算方法的使用和对结果的解释。鼓励学生寻找不同的方法解决数学问题。在科学课中提出问题、预测、质疑，通过调研、实验解决问题，基于证据决策、分析和评价证据。学生通过主动探究理解概念，包括规划、选择信息、评价信息源、得出结论、反思思考。如果我们鼓励学生发展思维的灵活性和开放性，观察世界、提出质疑的方式就会激发他们的想象力和创造力。教育的目的是培养孩子了解世界、认识世界以及解决问题的能力，要达到这一目的，教育的途径可以分为两条：一条是人文综合学科，另一条是科艺综合学科。教育就是通过探索人文、艺术、自然科学和社会科学等问题以及不同的探究方法，使学生不断实践、思考，获得审辩、创新、合作、交流等能力，并能驾驭世界上最复杂的问题。人文教育是指人们可以通过学习人文综合学科，从而理解自己和世界的关系，并逐步培养人不断思考和学习习惯的过程。人文综合学科涉及语言、艺术、社会、历史等内容，一条有效的人文学科的教育途径是借助语言学习的平台，结合其他学科内容，培养学生的核心素养。

# 审辩思维与审辩阅读

## 一、审辩思维

我们为什么要送孩子上学？所有家长都希望孩子们在学校接受最优的教育，毕业以后能够胜任工作，而自我们进入 21 世纪后，世界的快速变化对教育提出了更高的要求。靠死记硬背获得的知识是无法应对未来世界的挑战的。学校最重要的使命不仅是教孩子们如何去学习，更重要的是教孩子如何去思考，这才是思维教育。我们希望孩子们成为思考者和学习者，只有这样的人才能应对新生活的挑战。在 21 世纪，我们面临的最大挑战是——知识更新速度快，社会环境越来越复杂，经济压力不断增加。它需要年轻人具备良好的素质以应对各种压力、适应环境，并且不断创新前行。作为 21 世纪学校教育重点培养的一种核心技能，审辩思维不仅是中小学的教学目标，也是大学的重要教学目标。

审辩思维不是我们常说的普通的思维能力，按照比利戈和库恩的定义，审辩思维是一种审慎思考后的辩论能力（Careful argumentation）（Billig,

1987；Kuhn，1991，1992，1999）。人们经过缜密的思考，提出问题并找到论据来支持其论点，这个思维过程就是审辩思维。审辩思维起源于苏格拉底倡导的一种探究性质疑（Probing questioning）。通过提问、反驳等辩论，人们会澄清他们所思考的内容，区分相关和不相关的信息，然后检验信息的有效性和可靠性，质疑自己和他人的假设，从不同的视角进行推理，探究他们所思考的内容的内在含义，整理支持他们观点的理由和证据。通过提问和讨论揭示那些自认为正确、理所当然的观点所包含的缺陷，以探求真理。教育学家杜威提出了相关的概念——"反省式思维"（Reflective thinking）。杜威认为，解决问题的方法类似于科学探究的方法：确定问题，预期结果，形成达到目标的假说，然后进行试验、检验假说，直到问题被解决。反省式思维意味着在研究过程中需要不断反省、反思，不断地探究，直到问题解决，实际上，这就是科学的思维方法。反省式思维与审辩思维有不谋而合的理念。学生习惯了这样的思维方式，在遇到问题时自然也会有正确的解决问题的思路。

保罗曾提出，审辩思维是对思考过程的思考（Paul，1990）。审辩思维是一种元认知技能，而非认知技能。元认知是对认知的认知，是对认知的监控和调节。认知技能能够帮助人们了解世界，元认知技能是更高一级的"元—了解世界"的技能。恩尼斯总结说，审辩思维是一种具有推理性质的审辩过程（Ennis，1987，2011）。它强调的是审辩过程，通过信息搜寻、分析、综合、推理、解析和评价建立自己的论点，找到支持论据，同时要在考虑反方的论点/论据的基础上，不断地调整自己的观点，最后得出结论的过程。这个过程不仅需要普通的思维过程，如信息搜寻、分析、综合、概括、推理和评价等，它更需要一种主动的监控能力，即元认知能力。审辩思维是许多智力活动的核心，它包括学习如何建立自己的论点、搜寻有效信息、分析整合、确定证据来支持自己的论点、通过推理得出结论——这是学会使用证据来支持自己论点的过程。

## 二、审辩阅读

　　阅读是一个非常复杂的过程。在过去的 30 年里，语言学家、心理学家做了很多实证性研究，发现阅读包括自下而上、自上而下以及两者相互作用的过程。自下而上的过程是指对文本内容本身的加工，如字词的形、音、义及其特征、句法、句式等，读者要学习如何解码并获取意义。自上而下指高级的思维加工在解码过程中的作用，它强调人的分析、理解、预测等的功能。还有自下而上、自上而下的过程彼此相互作用。一个优秀的读者一定既善于解码又善于解读。按照建构主义的模型，我们要积极培养读者的阅读策略，使其成为更为高效的解码者和解读者。

　　由于信息化时代的来临，爆炸性的信息量给人类带来了巨大的挑战，如何在短时间内获取更多、更有效的信息是我们要解决的首要问题。人们对阅读的界定也在发生着变化。阅读不仅要解码文字信息、理解文本内容，更加重要的是，人们要获取所阅读的信息和知识，能够主动建构其意义，反思其内容，并提出创新及应用，也就是更加强调了高级思维的作用。于是，专家学者们据此提出了审辩阅读。

　　审辩阅读是一种强调高级思维活动的阅读方式。它是一种在理智上主动参与，并与文本进行互动的阅读模式。一般性的阅读只注重理解文本的内容，缺乏自己审慎的态度，甚至在理解上常常有所歪曲。具有审辩阅读能力的人则会主动地分析诠释，准确地理解作者的观点，深入地探究作者的证据，并作出公允的解释和评价。审辩阅读是应用审辩思维的方法达到阅读目的的过程，它包括信息提取、分析推理、整合诠释、反思评价和创意应用等过程。

　　**信息提取**：提取一两条或多条信息，包括时间、地点、人物、事件、主要想法等。

　　**分析推理**：借助上下文对信息进行分析和推理，包括对词汇和句子的理解、文本中的人物关系、因果关系、逻辑关系、时间顺序等。

**整合诠释：**将部分信息进行整合，通过比较、类比、排序、分类等方式对信息进行整合，并用自己的语言将其诠释出来。

**反思评价：**通过对文本的内容或写作风格进行评价，提出见解。不仅要有明确的观点，还要有充分的证据。

**创意应用：**基于对文本的反思和评价，生成规划或设计新的模式、结构，用新的方式或新的元素产出新的产品、想法。或者将某些理论、方法以新的方式加以应用。

审辩阅读的过程反映了思维的不同层次。图 1-3 诠释了阅读与思维的关系。信息提取对思维的要求最低，属于基础阅读；分析推理和整合诠释是思维的高级活动，属于深层阅读；在深层阅读的基础上，又有更具挑战性的思维活动，如反思评价和创意应用，属于创造性阅读。

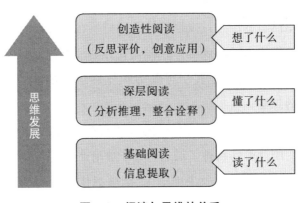

**图 1-3　阅读与思维的关系**

# 审辩阅读的课程设计

## 一、教学目标

审辩阅读的课程设计首先要确立审辩阅读的教学目标。按照布卢姆的教育目标分类法，将学习目标分为六个级别，这六个级别直接对应了思维发展的六个阶段。记忆、理解及应用被称为低级思维，而分析、评价和创新被称为高级思维。这个分类法与审辩和创造性思维的发展与培养不谋而合。低级思维是高级思维的基础，如信息提取、分析推理是相对低级的思维活动，整合诠释、反思评价和创意应用是相对高级的思维活动。

审辩阅读的教学目标包括以下几个方面：

- 掌握如何获取所需信息，并能够将收集的信息组织得清晰有序；
- 能够建设性地对信息进行分析和整合，对信息进行有效性评估；
- 能够利用已有的信息，发现问题的关键所在并提出有效的问题；
- 能够明确提出自己的观点，并提供充分的证据，证明／反证假设；
- 在解决问题的过程中展示想象力和发散思维的能力，提出新颖的、创造性的想法；
- 能够尊重他人的想法，对自己的想法与他人的想法作出清晰的比较；有良好的团队合作精神，通过讨论／辩论提出进一步的改进建议；
- 语言表达清晰（口语及书面语），能够提供充分的例证并作出清楚的解释，包括逻辑上的和语言上的。

## 二、审辩阅读教学课程设计

美国、加拿大、澳大利亚等国家的中小学课程都加强了对审辩和创造性思维能力的培养，因此，在教育研究及教学上，近年来有越来越多的人对有关审辩和创造性思维培养的教学课程设计产生了极大的关注。这套审辩阅读课程设计是我国第一次将其引入中小学的语文教学中。它的核心部分包括两个方面：第一，阅读与写作策略训练。结合小学语文课本的内容，我们给教师提供了阅读与写作策略的培养方法，学生通过学习和练习不同的阅读与写作策略提高他们的阅读素养；第二，综合教学实践。结合语文课的内容，我们设计了相应的主题式／项目式学习活动。要经过五个步骤来完成教学流程：阅读引入、基础阅读、深层阅读、创造性阅读、作品分享。教学的方式可以是探究式学习，也可以是辩论式学习，它取决于学习的内容。探究式学习是通过发现问题引导学生主动学习，通过调研、讨论等途径探究解决方案的学习方式；辩论式学习是由教师给出题目，将学生分为正方与反方，通过论证培养学生的思辨能力的学习方式。如果将两者加以比较，探究式学习更加注重研究能力、解决问题的能力及创造力的培养；而辩论式学习要对提出的问题作出即时、快速的反应并挑战对方，它更加注重审辩思维能力的培养。探究式与辩论式学习都会激发学生的自主学习兴趣，通过搜寻资料、整合分析、讨论辩论等过程，创造性地提出解决方案，整个过程都注重学生审辩和创造性思维能力的培养，同时培养学生的语言交流及团队合作能力。

　　审辩和创造性思维的发展是一个循序渐进的过程，它不可能通过一节课、一个活动发展起来，我们希望学生通过系统的训练不断地发展其审辩和创造性思维能力。

　　可以将审辩阅读课程设计分为两大部分：阅读策略训练及综合教学实践，见图1-4。

　　阅读策略的训练主要是基于文本的阅读，通过文本阅读以及相应的活动设计培养学生提取信息、分析推理、整合诠释、反思评价以及创意应用的能力，在这个过程中，学会相应的阅读策略。同时，根据其主题，可以对每一堂语文课进行延伸扩展，将它变成一个项目学习任务。将题目的内容与社会实践相结合，通过问题提出、研究论证、思维碰撞和思维分享，提高学生的审辩和创造性思维能力。不论是哪个过程，它们均是以学生的合作讨论为基础的，因此需提升学生的团队合作意识和沟通能力。

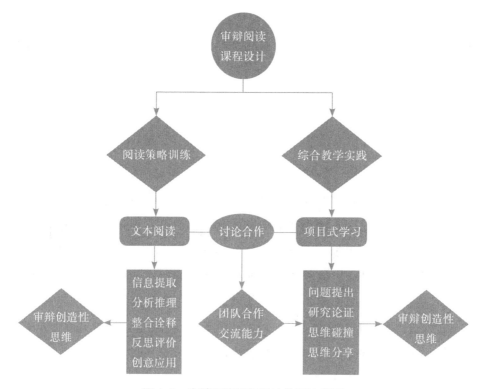

**图 1-4　审辩阅读课程设计的理论模型**

　　不仅可以通过语文课的文本阅读来培养审辩阅读能力，这一过程同样可以通过社会、历史、地理课，以及科学、数学课的教学来实现。因为它们的目的都是提高学生的高级思维能力。审辩阅读能力培养的方法不仅适用于中小学语文课的教学，同样也适用于课外阅读。

　　在这一章中，我们主要通过介绍阅读概念、教育目标及教学方法的变化阐述了思维教育在未来教育中的重要作用，还介绍了审辩思维与审辩阅读的理论以及审辩阅读教学设计的理论框架。该理论模式将指导我们的阅读教学，它会帮助老师进行阅读课教学设计。在后面几章里，我们还会详细说明如何在中小学语文教学中应用审辩阅读教学的阅读与写作策略、项目式学习、探究及辩论等不同的教学模式。

第二章

# 小学语文的审辩阅读教学

李文玲　向天成　李军　张丽　赵微

**本章导读**

　　本章以一问一答的形式解答了很多小学语文老师的常见问题和教学疑惑，例如，小学语文课教学为什么需要加入审辩思维的训练？思维能力的重要性是什么？如何区别"审辩""思辩""思辨""批判性阅读"？审辩阅读课包含审辩写作吗？小学语文课如何开展审辩阅读的教学？本章最后通过一堂语文课展示了审辩阅读教学的流程。

## 为什么需要在小学语文课教学中加入审辩思维训练？

　　要回答这个问题，我们需要思考现有的语文课是否能满足未来人才的需要。

　　一方面，自进入 21 世纪后，阅读的概念在发生着前所未有的变化。相较于传统的以教师为中心的阅读教学，审辩阅读教学以学生为中心，更加注重对学生高级思维能力的培养以及学生社会化能力的提高。

我们在阅读时，不仅要理解文中的词汇，了解故事中的人物、时间、地点及事件，更重要的是，要在这个事实的基础上，分析和推理出它们之间的时间顺序、因果关系、故事与我们生活实践的联系、文章主旨以及个人的阅读反思及态度，进一步提出自己的创意或应用。这个过程对读者提出了更高的要求，它不仅需要理解，还需要高级思维能力。这就是为什么我们需要进一步提升传统的语文课堂质量，增加思维能力的训练。

另一方面，我们的教育目标发生了变化。为了应对全球经济及数字化技术的快速发展，我国教育目标也提到，核心课程改革的重心是提升下一代迎接未来挑战的能力。为了让学生具备应对未来挑战的能力，新的课程改革重点是通过跨学科的教学，培养学生的综合素养。综合素养包括高级思维能力以及社会化能力两个方面。高级思维能力主要指审辩思维能力和创造力，社会化能力强调学生的沟通交流能力、合作能力以及社会意识。

教育目标从原来的重视知识、理论的学习，逐步转向能力的培养、综合素养的提高，这一重大的方向性变化强调了思维教育的重要性。

通过对传统语文教学的剖析以及对新的教育目标的阐述，我们认为现有的语文教学不能满足未来人才培养的需求，要对现有的语文课进行改良和提升，主要是增加审辩思维训练的元素，提高学生独立思考的能力，达到"学会学习"的目的。

## 如何区别"审辩"思维、"思辩"或"思辨"思维以及"批判性"思维？

这个问题主要与审辩思维的基本概念有关。我们先来看看审辩思维的定义是什么，然后再看看其他几个概念和审辩思维的关系。

　　审辩思维不是我们常说的普通的思维能力，按照比利戈和库恩的定义，审辩思维是一种谨慎思考后的辩论能力（Careful argumentation）（Billig，1987；Kuhn，1991，1999；Kuhn et al.，1992）。当人们经过缜密的思考，提出问题并找到论据来支持其论点，这个思维过程就是审辩思维。审辩思维是许多智力活动的核心，它包括学习如何建立自己的论点、搜寻有效信息、分析整合、确定证据支持自己的论点，通过推理得出结论，这是学会使用证据支持自己论点的过程。

　　根据以上对"审辩思维"概念的解读，我们认为，审辩是经过审慎思考以后发展出来的辩论能力；同样地，我们也可以说"思辩"。在这里"审辩"和"思辩"的概念是一样的。

　　批判性思维，源于20世纪70年代早期人们的翻译。"审辩思维"的英文是"critical thinking"，这里"critical"的意思是"重要的""关键的"，而非"批判"的意思。当然如果大家都理解它的内涵，只是习惯性地使用也无大碍。但是人们往往会从它的表面字义上理解审辩思维的内涵。因为有"批判"二字，有些人就会想当然地将审辩思维理解成"批判"他人的观点，这样的理解就会有些偏颇。因为审辩思维是鼓励学生对所阅读的文章提出自己的观点和看法，他们提出的观点还要有证据来支持。他们的观点／评论可以是质疑，也可以是赞许，只要他们能够有理有据地提出自己的看法和态度。

　　另一个概念是"思辨"，这里"辨"是辨析、辨别、分辨、辨认的意思。"辨"的中间是一点一撇，古汉语中，它代表人的眼睛，意思是根据不同事物的特点，在认识上加以区别；而"辩"字，中间是个言字旁，意思是用语言来说明见解或主张。我们说的审辩阅读，更多强调语言上的辩论或论证的能力。当然，辨析与分辨能力也是审辩思维中不可缺少的部分，审辩思维的发展是需要辨别／区分、类比等过程来达到审辩的高度的。

# 审辩阅读课包含审辩写作吗？

我们常说阅读会影响写作，同样地，写作也会影响阅读。这句话没有错，但是真正帮助写作、提高写作能力的因素，还是审辩阅读的能力。在阅读的过程中，学生要学会深入地分析整合、评价反思、不断质疑，才会有所感想，这个"感想"才是写作的源泉。研究发现，当孩子们进行审辩阅读时，他们会成为更好的作家。当学生观察某一个活动时，或者审视某一个作品时，同样需要他们的审辩思维能力。只有不断地发现、总结和反思，才会有写作的素材。有了素材以后，还要学习如何设计标题、如何组织段落、如何使用恰当的词汇等。这些都被称为写作策略。阅读与写作之间存在着密切的联系，阅读中的任何重大缺陷都会导致写作缺陷，任何严重的写作缺陷都会导致阅读困难。例如，如果学生在写作中无法清晰地分开各段落，那么，在阅读中也会出现信息整合的问题；如果在写作中观点含糊不清、论据不充分，这些问题也会在学生的阅读过程中反映出来。同样地，如果学生无法在阅读的文本中指出含糊不清的问题，那么他们在写作时也难以澄清重要的概念。事实上，一个好的作家，必须具备审辩阅读的能力，能够从文本中获得自己写作的想法或灵感，在逻辑上安排组织这些想法。如果不在阅读过程中加入反思评价，学生很快就会忘记并经常歪曲他们所阅读的内容。同样地，如果不加入反思评价，这种作品就是肤浅的写作。因此，审辩阅读和写作两者需要共同的技能，两者都要求我们从多个角度进行思考。

我们前面介绍了审辩阅读的五个阶段，在深度阅读的基础上，除了有自己的评价外，学生还要进行创意应用，写作就包含在这个过程里。在后面的章节里，我们还会给大家具体介绍一些写作策略。

# 如何在小学语文课上开展审辩阅读教学？

在小学语文教学中，我们以小学统编版教材为蓝本，给老师们举例讲解了审辩阅读的教学理念及教学流程。在小学语文教学的目标设置上，不仅要达到课本本身设定的教学目标，还要增加以下目标：

- 能够在阅读文本时提取有效信息；
- 能够根据上下文对信息进行分析和推理；
- 能够将所收集的信息组织得清晰有序，并根据不同的线索整合信息；
- 能够对文章的内容、修辞、风格或标题等提出自己的看法；
- 能够在解决问题的过程中展现想象力和创新能力；
- 能够尊重他人的想法，对自己的想法与他人的想法作出清晰的比较；有良很好的团队合作精神，能够通过讨论／辩论提出进一步的改进建议；
- 语言表达清晰（口语及书面语方面），能够提供充分例证并作出清楚的解释，包括逻辑方面和语言方面。

近年来，在教育研究及教学方面，越来越多的人开始关注审辩和创造性思维培养的教学课程设计。审辩思维的课程设计核心是培养学生审辩思维的阅读策略。它包括三个方面：

- 通过游戏和教学活动培养学生的审辩和创新思维策略；
- 通过有效提问、小组合作讨论、辩论和演讲等活动激发学生的审辩思维能力；
- 通过研究和实践活动提高学生分析问题和解决问题的能力。

我们将审辩阅读的教学方法总结为五步思维教学法，见图 2-1。

图 2-1　审辩阅读五步教学法

**步骤一**：文章导读。目的是了解故事背景，激发学生的阅读兴趣。

- 教师要和学生一起聊一聊和该文章主题的相关话题，唤起学生生活中已有的相关经验；

- 在阅读文章之前，介绍与文章有关的文化背景、知识背景和作者信息，激发学生的知识和阅读的动机。

**步骤二**：基础阅读。目的是对文章有一个基本的了解。

- 阅读文章，理解文章的基本大意，提取主要信息；

- 在阅读的过程中，老师要讲解一些学生不太熟悉的字词；辨析相似词汇，理解该词在上下文中的意思；

- 可以通过思维导图对文章主要信息进行梳理，如人物关系、时间顺序、因果关系等；

- 在这个环节中，教师与学生的互动、提问、学生的活动参与都有利于教学目标的达成。

**步骤三**：深层阅读。目的是对文章进行深入的解读，培养学生分析推理、整合信息、反思评价的审辩阅读策略。

- 可以采用教师与学生提问互动或者小组讨论的形式开展深层阅读。在讨论以前，要鼓励学生再次阅读文章；

- 讨论的主要问题有五类：找一找，对于这样的问题，学生可以在文章中找到答案，如人物、事件、时间、地点等；想一想，对于这样的问题，不能在文章中直接找到答案，需要学生根据上下文分析推理得出；说一说，对于这样的问题，学生需要对多种信息进行比较、分类、类比等整合，它需要比较强的逻辑推理能力；评一评，学生要对所读的内容、观点、修辞、风格、结尾或标题等提出自己的看法和感悟，并为自己的看法／观点提供佐证和支持。

**步骤四**：创造性阅读。目的是产生创意应用，提高学生的创新能力。

- 在深层阅读的基础上，鼓励学生表达，阐述自己的观点以及创意；
- 创造性阅读包括多种活动形式，如辩论、演讲。给学生提供辩论／演讲的题目，让学生开展进一步的研究，准备自己的论点和论据，以及思考如何反驳对方的论点和论据；
- 其他创意活动和写作。根据对文章的分析和感悟，写一篇感想、报道或通讯等；
- 也可以根据所阅读的文章，进行内容改编、艺术形式的再创作，如表演、绘画、舞蹈等。

**步骤五**：表达分享。目的是提高学生的沟通和表达能力。

这个阶段是将创意制作的"产品"展示给大家，可以是辩论／演讲、绘画、舞蹈、戏剧表演、故事改编、手工、实验报告等。在展示的同时，还需要学生予以讲解和说明。

# 审辩阅读在《父亲、树林和鸟》教学中的实施与应用

## 一、学情介绍

我们以统编教材小学语文三年级课文《父亲、树林和鸟》为例，介绍小学语文课审辩阅读的教学方法。本课教材选自统编版小学语文三年级上

册。本课总教学目标是引导学生准确、流畅和有感情地朗读课文，理解文中生动描述树林和鸟的语句，积累课文后生字词和自己喜欢的词语；同时通过学习与总结父亲对鸟习性的了解，体会父亲热爱鸟和大自然的美好感情，并初步理解人与大自然和谐相处的基本意蕴。小学三年级学生对该课文的主题——树林和鸟是很熟悉的，根据学生的语文基础，通过自学生字词后，学生可以较流利地阅读课文；但由于生活经验和思维水平的局限性，学生对课文中部分抽象词语的理解可能存在困难，如"幽深""草木气""鸟味"；另外，本课文是对话的形式，段落多，估计很难总结与划分课文的各部分主体内容，从而会阻碍学生对课文具体内容与课文内在意蕴进行深入的理解与准确的把握。

## 二、学习内容分析

课文以"我"和父亲对话的方式，以树林为依托，表达了父亲不仅了解鸟的习性，同时爱鸟的生动故事。故事通过详细描述父亲与鸟的关系，向我们展现了人与自然的和谐关系，表达了人应该保护和热爱自然的重要意蕴。课文的关键是引导学生体会人与大自然和谐相处的美好感情。学生需要有感情地朗读课文；理解描述人物、事物的抽象关键词，如鸟味等；能够理解与划分课文各主体的内容，理解父亲是从哪些方面"知鸟"和"爱鸟"的；最后能有效完成课后第 2 题对课文内容的判断，并能简单说清楚判断依据和理由。

因此，基于对课文内容、学生学情、学习目标的分析，为了能有效引导学生达成学习目标，于是计划安排三课时：第一课时在帮助学生理解与运用生字词的基础上，通过信息提取和分析推理的审辩阅读策略，引导学生通过课文阅读，初步感知文章整体结构和基本把握文章主体大意。第二课时以"父亲对鸟习性熟悉的具体表现"这条主线，通过信息提取、分析推理、整合诠释的审辩阅读策略，引导学生深入体会父亲知鸟、爱鸟之情。

第三课时，在学生能够体会父亲对鸟、大自然热爱的基础上，利用反思评价和创意应用的审辩思维策略，设计了"父亲曾经是否是猎人"的主题辩论以及学生护鸟标语的制作与展示活动，以此培养学生的审辩思维能力，并进一步引导学生初步理解人与自然和谐相处的内在意蕴。

## 三、教学实施

| 第一课时 | 教学内容 | 笔记 |
| --- | --- | --- |
| 教学目标 | 1.学习生字词，能够读准字音、理解字词义；并能够规范书写生字。<br>2.正确、流利、有感情地朗读课文，体会关键词句在表情达意方面的作用。<br>3.在教师的引导下，学生能够寻找关键词及关键句，对课文进行整体感知；在教师的引导下，学生能够梳理课文内容，划分与总结段落大意，掌握文章整体结构和主要大意。 | |
| 教学重难点 | 1.重点：学习与运用生字词。<br>2.难点：理解与掌握文章整体结构和大意。 | |
| 设计思路 | 　　为了能引导学生有效达到对课文的整体感知，掌握文章整体结构与课文大意等学习目标，有效发展学生的审辩思维能力，本课时将运用信息提取和整合诠释的审辩阅读策略，进行如下教学设计：首先，让学生初读课文后，寻找能够概括文章的关键句，训练学生的整体阅读感知能力，培养学生的信息提取能力；其次，引导学生按照父亲知鸟的顺序，画思维导图，概括文章结构大意，培养学生的信息概括能力。 | |
| 教学过程 | **1. 新课导入**<br>　　借助问题，导入新的学习主题。<br>　　师：同学们，上节课我们学习了《大自然的声音》，也许你们和老师一样感受到了大自然的奇妙与美好——大自然有奇妙的声音，有奇妙的生命，还有人类的奇妙的朋友。同学们能够说出大自然中有哪些奇妙的朋友吗？今天让我们继续走进大自然，一起认识人类的奇妙的朋友，学习《父亲、树林和鸟》。 | |

续表

| 第一课时 | 教学内容 | 笔记 |
|---|---|---|
| 教学过程 | 课文背景解读，介绍作者信息：牛汉（1923年10月2日—2013年9月29日），原名史成汉，山西人，当代著名诗人、作家和文学家；主要代表作:《彩色生活》《海上蝴蝶》《滹沱河和我》等。本文选自其散文集《童年牧歌》。<br>**2. 初读课文，学习生字词（信息提取）**<br>（1）学生自由朗读课文，用下划线直线勾画出生字、新词，用圆圈数字标出自然段，看看能读懂什么；让学生快速找出能概括课文主要内容的关键句，用波浪线画出来。<br>　　师：同学们，读完课文后，你能从文中找出一个句子来概括课文的主要内容吗？<br>　　生："父亲一生最喜欢树林和歌唱的鸟"。（抓关键句，提取关键信息）<br>（2）生字词展示，多音字、近义词、反义词展示，词语理解。<br>　　师：大家看，课文里有好多生字词，你们认识它们吗？（重点指导学生学习以下生字词）<br>　　生字：黎　喃　腾　喙　翎　瞬<br>　　生词：云雾　雾蒙蒙　舒畅　翅膀　茫然　生怕　热腾腾　舒畅　凝神静气<br>　　师：现在请同学们在课文中画出以上词语，并朗读含有以上词语的句子。<br>**3. 文章整体结构和主要大意**<br>（1）教师带着关键词分析课文。（信息提取）<br>　　师：同学们从第2自然段内容能找出关于父亲和鸟这个故事的哪些信息？<br>　　生：时间、地点、人物……<br>（2）重点词句的分析。（分析推理）<br>　　第3自然段：幽深、灰蒙蒙；描述动作的语句：上上下下望了又望，用鼻子闻了又闻；第6自然段：凝神静气、兀立。<br>（3）概括总结：父亲知鸟。（整合诠释）<br>　　学生再次阅读课文，以"父亲懂鸟的习性具体 | |

续表

| 第一课时 | 教学内容 | 笔记 |
|---|---|---|
| 教学过程 | 表现在哪些方面"这一问题为主线，引导学生采用思维导图，按课文的段落顺序从文中寻找答案和依据，并进行归纳与总结（如下图）。<br>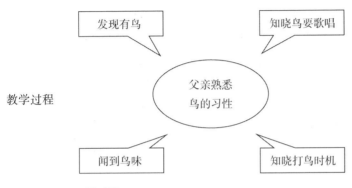<br>**4. 课后练习**<br>（1）根据本课词语的学习，完成本课《字词句篇》的第 1、2 题。<br>（2）阅读课文，思考课后第 2 题。 | |
| 教学分析与讨论 | 由于本课文是对话形式，课文段落较多，学生要准确理解文章整体结构与意义较为困难；所以通过教学问题的设计，教师要引导学生带着问题，寻找父亲懂鸟的具体习性的表现及其依据。这样既能解决教学难点，帮助学生理顺课文主要内容；同时也能有效启发学生进行有理有据的独立思考，从而有效地训练了学生提取信息和整合信息的能力，这是审辩阅读教学与其他阅读教学明显不一样的地方。 | |

| 第二课时 | 教学内容 | 笔记 |
|---|---|---|
| 教学目标 | 1. 通过朗读，体会课文语句表达的丰富性。<br>2. 结合课文内容，理解父亲知鸟、爱鸟的具体表现，并能言之有理地辨析课文习题 2 中对父亲的各种判断。 | |

续表

| 第二课时 | 教学内容 | 笔记 |
|---|---|---|
| 教学目标 | 3. 体会父亲的知鸟、爱鸟之情，分析出父亲热爱大自然的依据。 | |
| 教学重难点 | 1. 重点：引导学生根据课文内容，有理有据地辨析课文和练习题 2 中对父亲的各种判断，并说明判断理由。<br>2. 难点：体会父亲热爱大自然的感情。 | |
| 设计思路 | 　　为了引导学生体会父亲的知鸟、爱鸟之情，理解人与自然的和谐关系，发展学生的审辩思维，本课时以父亲懂鸟为主线，运用分析推理、整合诠释和反思评价的审辩阅读策略，结合师生朗读、学生发言和小组讨论等形式，厘清父亲与树林、鸟的内在关系，引导学生体会父亲对鸟的熟悉性和对大自然的热爱，同时发展学生的审辩思维能力。 | |
| 教学过程 | **1. 复习导入**<br>（1）师：今天，我们继续学习第 22 课——父亲、树林和鸟。通过上一课的学习，你能用文中的一句话概括父亲、树林和鸟之间的关系吗？（复习回顾课文内容，引出全文中心句，奠定情感基调）<br>　　生："父亲一生最喜欢树林和鸟。"<br>　　师：从你们的回答中老师听出了——父亲一生最喜欢树林和鸟。谁能有感情地朗读这句话？<br>　　生：……<br>（2）师：上节课，我们对课文有了整体的感知，对文中的父亲大家有了一定的判断。现在，让我们一起聚焦，对父亲作个全面判断，在文中找找能证明父亲对鸟的习性十分了解的理由。让我们这棵思维大树变得枝繁叶茂吧。 | |

续表

| 第二课时 | 教学内容 | 笔记 |
|---|---|---|

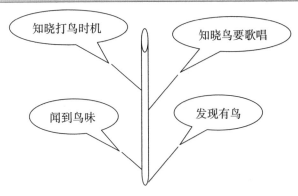

**2. 对课文进行深入分析（分析推理、整合诠释）**

教学过程

以"课文中哪些语句体现了父亲对鸟的习性十分了解"这一问题为主线，将其贯穿全文，让学生在自主学习和合作探究中学会分析推理和整合诠释。先找出各部分的关键句，再由一句话联系部分，最后进行整合诠释，从而使学生对课文进行有效的整体感知。

（1）发现有鸟。（分析推理）

师：请同学们快速地默读课文，一边默读，一边把课文中体现"父亲对鸟的习性十分了解"的语句标注出来。

师：按课文故事发展的先后顺序，你们首先找到的是"父亲发现有鸟"的这一部分吗？

生：是的，"父亲突然站定，朝幽深的雾蒙蒙的树林，上上下下地望了又望，用鼻子闻了又闻"这句话表现出了父亲发现有鸟的过程。

师：回答得很好，现在请同学们闭上眼睛，听老师读句子，想象一下父亲发现有鸟的具体画面，并说出父亲发现有鸟的动作的关键词。

生："站定""望了又望""闻了又闻"。

续表

| 第二课时 | 教学内容 | 笔记 |
|---|---|---|
| 教学过程 | （2）引导学生再次朗读父亲发现有鸟的这句话，理解"幽深的雾蒙蒙的树林"的含义，并感悟和体会父亲观察时仔细、认真的神态。<br><br>师：谁愿意读读这句话？<br>生：……<br>师：是啊，在这样一片幽深的雾蒙蒙的、什么都看不见的树林里，父亲竟然发现有鸟。<br>师：而此时的我呢？<br>生：望着凝神静气的父亲。<br>师：什么是凝神静气？这个词语反映出父亲什么样的品质？<br>生1：说明了父亲看得十分专注（认真／仔细）。<br>生2：表现了父亲的注意力全部集中在这片树林里，他仿佛已经和树林融为一体了。<br>师：孩子们，发现有鸟是你们找到的、对父亲十分了解鸟的习性进行判断的第一个理由。请把它工工整整地写在你的思维树叶上吧！（发现有鸟）<br>（3）闻到鸟味。（分析推理、整合诠释）<br>师生合作朗读此部分，理解为什么父亲竟然能闻到鸟味。（男女生分读）<br>师：这是大家找到的第二个理由——父亲闻到鸟味，快写下来吧。（闻到鸟味）<br>由于"鸟味"比较抽象，学生不容易理解，用思维导图，引导学生理解"鸟味"产生的过程，从而进一步让学生理解父亲是如何闻到"鸟味"的。<br><br> | |

| 第二课时 | 教学内容 | 笔记 |
| --- | --- | --- |
| 教学过程 | （4）鸟要歌唱。（分析推理）<br>　　师：父亲对鸟的习性十分了解这一点，还体现在课文的什么地方？<br>　　生：还体现在父亲知道鸟什么时候要准备歌唱。<br>　　师：你听！树林中的鸟儿真的开始唱歌了！（配乐朗读）<br>　　引导学生思考如下问题，体会父亲对鸟的喜爱和了解，从而理解人与自然的亲密关系，升华主题"我们也要保护鸟儿"。<br>①　为什么父亲说这是树林和鸟最快活的时刻？<br>②　为什么我说父亲此时也最快活？<br>（5）打鸟时机。（分析推理）<br>　　通过师生的互读与前文的分析推理，引导学生理解"鸟儿最快活的时刻最容易被猎人打中"蕴含的辩证道理。<br>　　师：父亲不仅知道此时的鸟儿最快活，他还知道鸟儿最快活的时刻最容易被猎人打中。现在请同学们和我一起进行分角色朗读。<br>（6）运用"五指法"，引导学生整合信息。（整合诠释）<br>　　采用"五指法"对文本信息进行整合。"五指法"指使用五个手指——指出的几个事实，帮助学生整合和诠释信息；它将语言训练与思维训练有机结合起来，引导学生根据思维大树的提示，理解"父亲对鸟的习性十分了解"这一判断，并较为准确地诠释判断的理由和依据。<br>　　师：同学们，请跟着我这样做，伸出五个手指，让我们把目光返回到这棵思维大树上……<br>**3.故事的分析和讨论（反思评价）**<br>　　师：请同学们认真看这里，现在我们的思维大树要发生变化了！老师将这些理由（善于观察）贴在这里，你同意吗？为什么？<br>　　生：…… | |

续表

| 第二课时 | 教学内容 | 笔记 |
|---|---|---|

师：将（热爱自然）贴在这里呢？你同意吗？为什么？

生：……

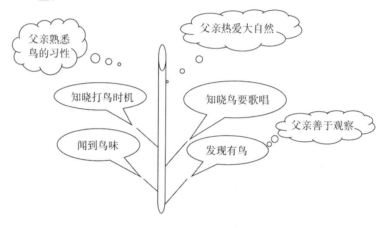

教学过程

总结：通过有效运用反思评价的策略，依托"移动思维树叶"活动，引导学生在整合课文信息的基础上，进一步发挥想象力，合理推断和深入思考，从而寻找知识的内在联系，使新旧知识间发生有效迁移。通过对反思评价策略的训练，在对课文进行深入的理解之后，学生就能够发现文中的父亲十分善于观察，通过仔细观察，他才对鸟的习性如此了解；父亲善于观察鸟，是因为他喜欢树林和鸟。正因为父亲喜欢树林和鸟，没有伤害鸟，还因为树林和鸟是大自然的一部分，所以我们可以得知，父亲不仅热爱树林和鸟，也十分热爱大自然。

4. 作业布置

（1）文章的结尾为什么说"我真高兴，父亲不是猎人"呢？完成课后第2题。

根据以下课后任务单，查找相关资料（标注清楚资料的来源），或运用"探究"的研究技能，与家人共同讨论，思考下节课的辩论主题：父亲曾经是否是猎人。

续表

| 第二课时 | 教学内容 | | 笔记 |
|---|---|---|---|
| 教学过程 | 正 方 | 反 方 | |
| | 论点：父亲曾经是猎人 | 论点：父亲曾经不是猎人 | |
| | 论据：…… | 论据：…… | |
| | 反方可能的论据：…… | 正方可能的论据：…… | |
| | 反驳反方的论据：…… | 反驳正方的论据：…… | |

（2）根据日常生活中保护自然的相关标语，自己设计保护鸟的标语。

教学分析与讨论

本课时的重要环节是引导学生对父亲善于观察鸟、熟悉鸟的习性和热爱大自然三方面内容及其关系进行分析推理和整合诠释，让学生通过思维导图的方式，轻松地理解课文中抽象词语"鸟味"的意蕴；同时通过"五指法"的训练，帮助学生利用自己的五个手指，罗列事实，帮助学生整合信息，对父亲知鸟、爱鸟的信息进行整合诠释；最后的"移动思维树叶"活动，不仅强化了学生的审辩思维能力，同时也加深了学生对"父亲热爱大自然"这一句子的逻辑推理和准确理解。通过教学活动，我们发现，学生对审辩思维教学方式不是很熟悉，只要能够用循序渐进的思维教学方式加以引导，学生可以积极地加入讨论和投入思考，并进一步不自觉地训练和提升审辩思维能力。因此，教师对课文内容的准确把握与教学任务的巧妙设计，对引导学生训练和发展审辩思维有重要作用。

| 第三课时 | 教学内容 | 笔记 |
|---|---|---|
| 教学目标 | 1. 开展"父亲曾经是否是猎人"的主题辩论，培养学生的推断能力，进一步训练与发展其审辩思维能力。<br>2. 展示保护鸟的标语，引导学生理解人与大自然和谐相处，训练学生审辩阅读后的创意应用能力。 | |
| 教学重难点 | 1. 重点：引导学生有理有据地进行主题辩论。<br>2. 难点：理解人与大自然和谐相处的含义。 | |
| 设计思路 | 　　辩论是启发学生辩证思考和发展审辩思维的重要方式，因此，本课时运用反思评价和创意应用的审辩阅读策略，通过辩论指导，以"父亲曾经是否是猎人"为主题开展辩论活动，发展学生的审辩思维。同时，作品制作是学生创意应用和审辩思维的重要载体和体现。引导学生亲自查阅资料，收集有关保护鸟的标语，并进行自我制作与展示，使学生充分理解人与自然和谐相处的内在意义，热爱大自然和保护大自然，展现学生审辩思维的过程。 | |
| 教学过程 | **1. 复习导入**<br>　　师：同学们，通过前两次课对《父亲、树林和鸟》的学习与思考，你们也许体会到了大自然的动物和我们人类一样可爱，有奇妙的生命气息，它们就是人类的朋友，我们应该与它们友好相处，甚至要尽我们最大的努力保护它们。为了进一步理解课文中父亲知鸟、爱鸟的深刻情感以及热爱大自然的宽广情怀，我们这节课主要开展"父亲曾经是否是猎人"的主题辩论和展示同学们设计的护鸟标语。<br>**2. 主题辩论（反思评价）**<br>（1）辩论题目：父亲曾经是否是猎人。<br>（2）正方、反方辩论队分组。<br>　　统计正、反方人数，为正、反辩论队各安排6人，未加入辩论队的持正、反方观点的同学，可在辩论队需要援助的时候予以补充。<br>（3）辩论场景。<br>　　正方1：父亲曾经是猎人。因为父亲走在树林里， | |

续表

| 第三课时 | 教学内容 | 笔记 |
|---|---|---|

能直接感知树上是否有鸟，还能闻到鸟的味道。这说明父亲曾经是名猎人，对鸟有过深入研究。

反方1：父亲曾经不是猎人。我反对正方观点，对鸟有深入研究的人并不一定是猎人，还可能是生物学家。

正方2：生物学家只知道鸟的生活习性，并不知道猎人打鸟的最佳时机。文中提到，父亲还知道"鸟儿最快活的时刻最容易被猎人打中"，这说明父亲曾经打过鸟，因为经验来源于实践。

反方2：请正方同学看课文的第一句话："父亲一生最喜欢树林和歌唱的鸟。"这句话中的"一生"点明了父亲以前不是猎人。

正方3：……

反方3：……

（4）辩论评析。

**教学过程**

师：经过激烈的辩论，我们能够看出，不论是正方还是反方，同学们都能够坚持自己的观点，在理解和质疑对方观点的基础上，不断寻找新的证据支持自己的观点。这一方面说明了同学们课前进行了充分的准备，另一方面体现了同学们思维活跃，善于学习如何独立思考。父亲曾经是否是猎人，这个问题也许并没有标准的答案。其实，有没有标准答案并不重要，重要的是老师从你们的辩论过程和审辩阅读学习的过程中，看见了一颗颗思想的种子正在你们心里成长。

**3. 作品展示（创意应用）**

师：上次课老师让同学们收集资料，自己设计有个性的护鸟标语；现在让我们一起分享一下你们护鸟的想法吧。

（1）小组讨论。

引导学生分享各自的设计，一起讨论，听取小组意见，选择最佳方案。然后每个小组选出一个具有代表性的作品进行展示，并加以解说。

续表

| 第三课时 | 教学内容 | 笔记 |
|---|---|---|
| 教学过程 | （2）护鸟标语的作品展示。<br><br>让小组展示自己设计的护鸟标语，并引导学生说明设计的缘由。<br><br>生1："爱鸟，护鸟，让我们的生活更加美好！"这样的标语既简单又易懂，每个人都能看懂，读起来朗朗上口。<br><br>生2："同在蓝天下，人鸟共家园！"这种格式工整、意义深刻的标语，既点明了鸟的重要性，还说明了鸟和人类的关系，这样的标语更能够引起人们的注意，从而让人们爱鸟和护鸟。<br><br>生3：将标识牌做成鸟的形状，上面的文字为："鸟是人类的朋友。"这种形象的标识牌能直接加深人们爱鸟、护鸟的印象；再加上标识牌上的文字，能进一步引发人们对鸟的珍爱之情。<br><br>生4：……<br><br>（3）教学总结。<br><br>师：通过同学们的讨论与作品展示，老师既看见了你们个人独特的思想，也看见了集体的智慧。老师相信，通过这次作品设计和我们本课对审辩式阅读的学习，你们一定会像课文中的父亲和儿子一样，成为知鸟、爱鸟和护鸟的践行者！<br><br>**4. 作业布置**<br><br>完成课后第3题，有感情地朗读课文，预习下一篇课文。 | |
| 教学分析与讨论 | 辩论既是培养审辩思维的有效途径，也是教学的重点和难点。辩论是启发学生辩证思考和秉持理性思维的重要方式，可以指导学生全面和深入地思考辩论主题，既要有自己独立的想法，也要考虑对方不同的观点和看法，从而有理有据地把自己的观点表达清楚。辩论的最终结果并不重要，重要的是启发学生的思考过程，学生能通过与他人的辩论，继续深入思考，辩证地看待问题。另外，对于学生自主设计与展示护 | |

| 第三课时 | 教学内容 | 笔记 |
|---|---|---|
| 教学分析与讨论 | 鸟标语的活动，学生兴致很高，表现比较活跃。此教学活动既加深了学生对人与自然和谐相处的理解，提升了其审辩思维和创新能力；同时通过收集与整理相关资料，有效锻炼了学生的实践研究技能，培养了学生科学的研究态度。<br>　　通过三节课的教学，我们将《父亲、树林和鸟》这篇课文以审辩阅读的教学方法给大家做了一次展示。老师不仅在基础阅读环节展示了如何实施和应用各种审辩阅读策略，还将本文的内容加以扩展，开展了研究、辩论和创意性活动。这次的教学案例不仅使学生们学习了本文教学大纲所要求的知识点，还培养了学生的审辩思维和创新能力、与他人合作的意识、自信心和语言表达能力。 | |

# 第三章

# 语文教学中审辩阅读策略的培养

李文玲　陈依伊

**本章导读**

　　审辩阅读策略的培养是语文教学中最重要的内容。本章详细介绍了审辩阅读的教学策略，为老师们提供了教学指导，并通过一堂小学一年级的绘本阅读课给老师展示了如何应用阅读策略。

## 审辩阅读

　　阅读可以激发思考，丰富感情，进而增长智慧，提升创造力。随着信息化时代的快速发展，人们对阅读概念的理解也在发生着巨大的变化。

　　审辩阅读的概念已被越来越多的老师们所接受，很多中小学都在尝试着将审辩阅读的理念应用于教学中，但是老师们也遇到了很大的挑战，即不清楚什么是审辩阅读策略，如何培养学生的审辩阅读策略。审辩阅读是一种强调高级思维活动的阅读方式，是更深入、更复杂、与文本互动的过程（包括信息提取、分析推理、整合诠释、反思评价和创意应用，见图 3-1 ）。

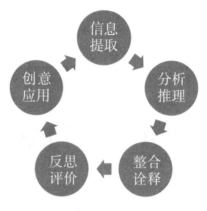

图 3-1　审辩阅读的过程图示

# 审辩阅读教学策略

这五个阅读阶段有两类教学策略：一类是有效提问策略，另一类是阅读策略。

## 一、有效提问

审辩阅读和我们传统意义上的阅读有一个明显的不同，即审辩阅读需要你主动地、专注地阅读，同时要调动你的高级思维活动。在阅读过程中，要达成审辩阅读的目的。通过精心设计的提问，并结合不同教学方法，教师可以有效地引导学生思考文章内容，与文章内容进行不同层次的互动，进而促进阅读理解。

"学问"正是因为有"问"的动作，才有"学"的结果。阅读也一样，在阅读时，让学生提出疑问，然后再次阅读文章，寻找信息/证据回答问题，在这样不断质疑、不断回答疑问的过程中，学生就能因阅读而有所收获。提出有效问题不是每个学生天生具有的能力，可以通过教师引导，让学生将这些策略内化到自己的头脑中。

在这里，我们将从每一个审辩阅读的环节出发，分别给大家提供一些有效提问的例子。

**信息提取：**提取一两条或多条信息，包括时间、地点、人物、事件、词汇、主要想法等。提问的方式可以考虑"5W问题"（what，who，when，where，why）。

提问举例：

- 故事里的人物都有谁？
- 故事发生在哪里？
- 故事在什么时候发生？
- 主要的故事情节是什么？
- 文章中的关键句是哪一句？

**分析推理：**借助上下文对信息进行分析和推理，包括对词汇和句子的理解，梳理文本中的人物关系、因果关系、逻辑关系、时间顺序等。

提问举例：

- 他／她指的是谁？
- 这个词的含义是什么？
- 这句话背后的含义是什么？
- 这些人物之间的关系是什么？
- 故事发生的顺序是什么？
- 故事发生的原因和结果是什么？

**整合诠释：**将部分信息进行整合，通过比较、类比、排序、分类等方式对信息进行整合，并用自己的语言将其诠释出来。

提问举例：

- 故事主人公的性格特点是什么？文章在哪里讲了这一点？
- 故事的中心思想是什么？

- 将故事中的人物相比较，他们的相同点与不同点是什么？有根据吗？
- 文章中的结论包括的论点、论据是什么？

**反思评价**：通过对文本的内容或写作风格进行评价，提出见解。不仅要有明确的观点，还要有充分的证据。

提问举例：

- 你是否喜欢这篇文章？为什么？
- 你认为该文章的标题是否合适？为什么？
- 你喜欢故事的结尾吗？为什么？
- 你同意作者的观点吗？为什么？

**创意应用**：基于对文本的反思和评价，生成规划或设计新的模式、结构，用新的方式或新的元素产出新的产品、想法。或者将某些理论、方法以新的方式加以应用。

提问举例：

- 如果让你来改写这篇文章，你想怎么改写？
- 如果将文中的人物换成另一个人物（改变性别、年龄等），你会怎么改编？
- 如果重新写一个结尾，你会怎么写？
- 你如何将这个故事改编成一个剧本？
- 你能否给故事配图？
- 你能否给故事写一篇推荐语？
- 你能否为该故事制作一个海报？

## 二、阅读策略

要达到有效的审辩阅读的目标，除了使用有效的提问法以外，还有一些审辩思维的技巧或策略，可以帮助和训练学生获得审辩阅读的技能。阅读策略是指读者为了完成某一个具体任务或者培养某一项具体技能，经过慎重思考后采取的有目的的手段。有效的阅读策略能够帮助读者一步步地达成审辩阅读的目标。在阅读的过程中，每一个阶段都需要有效的阅读策略的指导。在这一章中，我们将给大家介绍一些有效的审辩阅读的学习策略。

**阶段 1—信息提取**：提取一两条或多条信息，包括时间、地点、人物、事件、词汇、主要想法等。

**阅读策略 1.1  找一找、画一画**  在快速阅读过程中画一画人物、时间、地点、发生了什么；主要的事实、段落、关键点。

**阅读策略 1.2  不同的符号标记**  人物可以用下划线，地点可以用三角符号，时间可以用方块符号标出。

**阅读策略 1.3  制作小贴片**  让学生在一张纸上制作小贴片，如人物、时间、地点、故事背景等，然后在小贴片旁写出内容。这个活动可以以小组的方式合作完成。

**阶段 2—分析推理**：借助上下文对信息进行分析和推理，包括对词汇和句子进行理解，梳理文本中的人物关系、因果关系、逻辑关系、时间顺序等。

**阅读策略 2.1  找同义词和反义词**  在文中遇到代词或者不明确意义的词汇时，要理解它的具体所指，并能明确解释其意义。可以使用寻找同义词和反义词的方法加深对该词汇的理解。

词汇的意思
词汇的同义词、反义词
结合上下文理解和解释

**阅读策略 2.2  画思维导图梳理信息**  思维导图是将信息进行再整理，用视觉化的方式呈现文本的主要信息以及它们之间的关系。思维导图没有对错之分，只要它能够达到梳理信息的目的就可以了，如曹冲称象的故事。

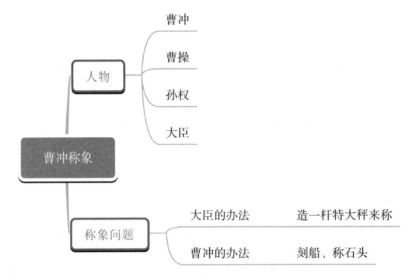

**阅读策略2.3 时间轴** 当故事的描述是以时间为线索时，可以按时间轴排列事件。让学生按照时间顺序讲述事件在时间轴上的位置，包括当时都发生了什么，有关的人物信息、背景信息等。

**阅读策略2.4 山形图** 当故事的描述是以情节/解决问题为线索时，我们可以用山形图来表示故事的开始、情节上升、情节高潮、情节终结及感悟。通过山形图的绘制，澄清故事中的问题、矛盾线索、解决问题的关键点、解决问题后的个人感悟。

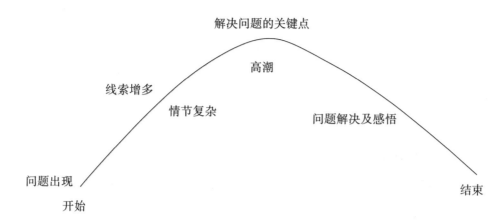

**阅读策略 2.5　复述故事**　可以通过复述重要的事件、人物或解决问题的过程，达到梳理信息的目的。

思维导图、时间轴图、山形图和复述故事等都是帮助学生梳理信息、澄清故事中的人物关系、因果关系和逻辑等关系的方式。

**阶段 3—整合诠释**：将部分信息进行整合，通过比较、类比、排序、分类等方式对信息进行整合，并用自己的语言将其诠释出来。

**阅读策略 3.1　比较法**　选择文中几个不同的人物角色、不同的时间、不同的社会 / 经济 / 政治地位、不同的关系等进行比较，找出其相同和不同的地方。这些都有助于学生的深度思考。

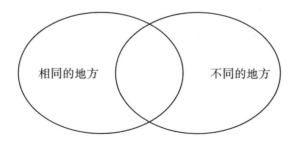

**阅读策略 3.2　五指法**　阅读后，用五个手指，按照事件发生的顺序，分别说出每一个事件，然后用一句话来概括它；或者用五个手指一一说出某一个人物的特征，并用一句话总结该人物的性格特征。

阅读策略3.3 5W法 "5W" 指 "who，when，where，what，why"（谁，时间，地点，发生了什么，为什么）。阅读后，回答 "5W" 问题，并用一句话总结。

- Who：

- When：

- Where：

- What：

- Why：

一句话总结：

**阶段4—反思评价：**通过对文本的内容或写作风格进行评价，提出见解。不仅要有明确的观点，还要有充分的证据。

阅读策略4.1 T型图 在你阅读时，随时记录你的所思所想，可以使用 T 型图来训练和培养自己的反思和评价能力。左边可以记录文本中发生了什么，右边可以记录自己的想法。

| | |
|---|---|
| 文章的标题 | 你认为合适否？ |
| 有趣的话 | 你的理解、感悟是什么？ |
| 结构 | 清晰否？ |
| 风格 | 喜欢否？ |
| 人物 | 描写如何？ |
| 事件 | 背后的意义是什么？ |
| 观点 | 同意否？ |

　　**阅读策略 4.2　KWL 方法**　"KWL"中的"K"指"what I know"（我知道的信息），"W"指"what I want to know"（我想知道的信息），"L"指"what I have learned"（我学到了什么）。在阅读之后，仔细思考什么是已经知道的信息，什么是你想要了解的信息；对于你想要了解的信息，你都做了哪些进一步的研究？在这个过程中，你学到了什么？有什么收获？这些问题主要被用于读后感。通过训练"读后感"，学生可以在未来的阅读中，更加有目的地进行阅读。

| K：我知道的信息 | W：我想知道的信息 | L：我学到了什么 |
|---|---|---|
| | | |

　　**阅读策略 4.3　寻找同意 / 反对的观点、喜欢 / 不喜欢的任务、欣赏 / 不欣赏的风格**　在阅读的过程中，在文本的旁边标注自己的态度或评价。用"√"表示积极的 / 正面的反应，用"×"表示消极的 / 负面的反应。同时用下划线"＿＿"找出相应的证据。

| 文本内容 | 我的态度、观点 | 证据 / 反驳证据 |
|---|---|---|
| 某句话 | √ | |
| 某个观点 | × | |
| …… | | |

　　**阅读策略 4.4　引发辩论**　辩论会让我们的思路变得更广、更开放。即使你对自己的观点没有十足的把握，也可以大胆地提出不同的观点。你可以考虑下面几种说法：

　　　　如果我们从另一方面考虑……
　　　　是否会有另一种可能性……
　　　　如果换一种条件，会怎么样呢？

　　**阅读策略 4.5　讲故事**　用表演的方式讲故事，用自己的语言、手势和表情讲述你所读过的故事，并添加自己的看法等。

**阶段5—创意应用：**基于对文本的反思和评价，生成规划或设计新的模式、结构，用新的方式或新的元素产出新的产品、想法，或者将某些理论、方法以新的方式加以应用。

**阅读策略5.1 反问法** 在阅读过程中，可以像这样反问：如果不这样，会怎么样？如果把人物换一下，又会如何？如果结尾不是这样，又会如何？如果把背景换一下，故事会如何？在像这样的反问过程中，你就会有自己对文本进行改编、续编的想法和创意。

**阅读策略5.2 再创作** 将文本内容改成剧本，进而改成表演；对文本中提到的人物或物体进行手工制作、绘画等艺术创作；为某些解决方案制作模型；设计相应的海报、广告等。

**阅读策略5.3 主题及问题解决** 你所读的内容和你的生活有什么关系？你如何将其应用于你自己的生活中？如果你是故事的主人公，你会如何处理或解决问题？

# 举例：《大卫，不可以》教学设计

## 一、教学内容

《大卫，不可以》是一本非常受孩子欢迎的图画书，曾经获得1998年的凯迪克荣誉大奖，"大卫"系列多年来在绘本届声誉经久不衰。大卫·香农（David Shannon）是本书的作者及绘者，他以自己小时候制作的图画书为蓝本，塑造出一个调皮捣蛋的小男孩形象。这个天真无邪、把家里搞得一团糟的小男孩，让孩子们觉得既开心又释怀。世界上哪一个孩子不渴望

《大卫，不可以》
河北教育出版社

像大卫一样随心所欲地在墙壁上乱写乱画、把浴室变成一片沼泽地、头戴铁锅并把它敲得叮当乱响呢？

　　这本书写法简单，但是，从教育的角度看，也正是这份简单，让学生的生长空间变得更为开阔。什么是对？什么是错？怎样正确理解父母的管教？这都是这本书在欢笑过后带给学生们的思考。

## 二、教学实施

| 第一课时 | 教学内容 | 笔记 |
|---|---|---|
| 教学目标 | 1.师生共读绘本，通过"读图—猜想—验证—想象—表达（表演）"，一步步读懂绘本，让画面在头脑中活起来。<br>2.了解大卫做了哪些"不可以"的事，通过讨论交流，获得正确的认知，明辨是非。<br>3.通过观察与表达，理解"不可以"背后蕴含的妈妈的爱与关怀，感受母爱的温暖。<br>4.渗透绘本阅读法，发现绘本中的细节，并展开合理的想象，享受阅读绘本的乐趣。<br>5.通过对故事的梳理、对情节的分析和整合，了解故事的构架和逻辑关系，培养学生的高级思维能力。<br>6.通过对绘本故事的再创作，提高学生的创造力以及语言表达能力。 | |
| 教学重难点 | 1.重点：①读懂绘本，了解大卫做了哪些"不可以"的事，理解"不可以"背后蕴含的妈妈的爱与关怀。②通过阅读提高学生的审辩和创造性思维能力。<br>2.难点：将审辩阅读的教学策略融入语文教学中，除了培养学生的观察想象、语言表达能力外，还要重点培养学生的高级思维能力。 | |
| 设计思路 | 　　绘本中蕴含着丰富的教育资源和教学资源，是培养学生语言及思维能力的良好教材。学生喜欢阅读绘本，开始往往是被绘本精美的图画、有趣的情节所吸引，最后却被绘本深刻的内涵所感动。在这一阅读过程中，教师不仅能提高学生对绘本的欣赏能力，还能在分 | |

| 第一课时 | 教学内容 | 笔记 |
| --- | --- | --- |
| 设计思路 | 析讨论中培养学生的审辩思维以及创造性思维能力。<br><br>苏霍姆林斯基说："请你记住，教育——首先是关怀备至地、深思熟虑地、小心翼翼地去触及年轻的心灵。"教育要触及灵魂，不能靠一味的说教，有时候，说教解决不了的问题，绘本可以解决。阅读《大卫，不可以》这本书时，孩子可以从人物身上看到自己，进而产生共鸣，通过讨论与交流明辨是非，实现自我教育。通过绘本中的图画、语言，学生还可以联系自己的生活实际，学习观察与表达。由图画故事展开讨论、分析、评价和再创造等，从而发展思维，让学生体验阅读的乐趣。<br><br>本课以师生共读的形式开展教学活动，通过预测、讲述、分析、推理、整合、评价和再创造等环节，不断激发学生产生深入阅读绘本的兴趣，引导学生与大卫产生共鸣，懂得为什么"不可以"，理解妈妈的良苦用心，感受母爱的温暖。 | |
| 教学过程 | **1. 观察封面，走近大卫**<br>（1）认识大卫。<br>　今天我们要读的这本绘本，名字叫《大卫，不可以》。谁是大卫呢？<br>① 语言描述：大卫长什么样子呀？<br>　大卫长着圆圆的大脑袋，脑袋上有稀稀疏疏的头发，短眉毛，小眼睛，一个三角形的鼻子下面是一张大大的嘴，嘴里还有六颗小尖牙。<br>　和大大的脑袋相比，大卫的脖子显得特别细，身子和四肢也很细小，所以我们感觉他的脑袋格外大。<br>② 分析判断：大卫是个什么样的孩子？<br>　师：一般认为，大脑袋的孩子都聪明，你觉得大卫是个什么样的孩子呢？<br>　生：聪明、淘气、调皮、顽皮……（丰富词汇）<br>　师：为什么呢？让我们看看他正在干什么。<br>　生：拿鱼缸。<br>（2）观察行为。 | |

续表

| 第一课时 | 教学内容 | 笔记 |
|---|---|---|
| 教学过程 | ① 观察图画：大卫是怎么做的？<br><br>师：大卫想拿鱼缸，但是够不着，他该怎么办呢？他站在一摞书上，抬起双手去够鱼缸。哎呀，还是够不着，再踮起脚来，够着了够着了！可是下一秒，你猜猜会怎么样？<br><br>生：鱼缸会破碎，鱼儿会死掉。而大卫自己呢？他也会摔个大跟头，说不定会被碎玻璃扎到。太危险了！<br><br>② 发现细节。<br><br>师：刚才我们说过，读绘本时要留心细节，在封面的图画中，你发现了什么细节呢？<br><br>生1：小鱼惊恐的表情，它们好像在说……<br><br>生2：鱼缸离开了桌面，鱼缸里的水已经溅出来了，桌子脚已经离地了，蓝色的书已经翘起来了，大卫自己也失去平衡了。<br><br>评价：光是在封面的图画中，你们就能发现这么多细节，真了不起！<br><br>（3）引出主题。<br><br>① 分析声音：联系上下文进行理解。<br><br>师：就在这极其危险的时刻，一个坚决严厉的声音传来了："大卫，不可以！"你们觉得这是谁说的？说说你们的理由。<br><br>教师适时讲解环衬和扉页（环衬中的文字、扉页上的插图）。<br><br>师追问：插图只画了下半身，你怎么知道这是妈妈呢？妈妈做了什么动作？你能来学一学吗？（叉腰、跷脚）你觉得妈妈现在怎么样？<br><br>② 猜想表情：生气是什么样的？<br><br>师：画面中没有相关信息，谁能结合生活实际中你妈妈生气时的样子来表演一下妈妈生气时的表情？（瞪着眼睛，撅着嘴巴）让我们再生气地对大卫吼一句："大卫，不可以！" | |

| 第一课时 | 教学内容 | 笔记 |
| --- | --- | --- |
| 教学过程 | （4）了解信息。<br>① 回到封面。<br>师：刚才我们通过观察与想象，把封面的图画看得活了起来，听了同学们的描绘，老师感觉就像看动画片一样！有些同学的观察力果真特别棒，发现了小鱼的表情等好多细节！<br>② 出版信息。<br>师：除了书名、图画，我们看封面上还写了什么呢?<br>A. 作者——这本书的文字和图画都是由美国作家大卫·香农完成的，作者也叫大卫，这可不是巧合。这本书里画的就是他自己——5 岁的大卫。<br>B. 译者——还有一个名字，这是中国台湾的余治莹阿姨，一位儿童文学作家，是她把这本书翻译成中文的。<br>C. 获奖信息——凯迪克大奖可是绘本届了不起的奖项。<br>D. 出版社信息。<br>E. 环衬扉页。<br>师：读一部绘本，我们就是要从封面读起。下面请大家翻到环衬，火眼金睛的你们从图中看到了什么?<br>大卫正在墙壁上乱写乱画，地上都是散落的蜡笔。还有两行字，让我们一起读一读。大卫的妈妈总是说:"大卫，不可以！"这句话是谁写的呀? 是大卫自己写的——5 岁的大卫，只会写这几个字。<br>翻过环衬，就是扉页，再往下翻，我们就正式开始读故事了。让我们一起走进大卫的家，看看他在干什么吧! | |

设计意图

　　封面、环衬和扉页大有看头，把它们联系起来看，就能够分析出故事背景。这部分的观察交流可以帮助学生掌握基本的阅读顺序，引导学生发现细节中蕴含的情节，展开想象，让画面活起来。

续表

| 第一课时 | 教学内容 | 笔记 |
|---|---|---|
| 教学过程 | **2. 阅读绘本，了解大卫（分析推理）**<br>（1）师生共读"晚饭前"第1~4页。<br>① 够糖图。<br>　　师：大卫又在够什么？<br>　　生：小熊罐子。<br>　　师：猜猜里面装了什么？老师告诉你们，这个单词是"饼干"。<br>　　这样做可以吗？为什么？<br>　　评价：经过刚才的学习，同学们已经学会观察细节了。<br>　　所以，妈妈看见了，赶紧说："大卫，不可以！"因为这样做太危险啦！<br>② 泥巴图。<br>　　师：在这一页上，你看到了什么？<br>　　生：一串串黑脚印，大卫的身上都是泥巴。（细节）<br>　　妈妈说："天哪！大卫，不可以！"因为妈妈刚擦干净地！<br>　　生：大卫为什么会这么脏呢？他可能做什么去了？（展开想象）<br>③ 洗澡图。（配乐：流水声）<br>　　师：要是你弄得这么脏，妈妈准得让你干嘛？<br>　　生：洗澡。<br>　　师：看！大卫在干什么？<br>　　描述图片：大卫把玩具带进来了，水龙头开着，水流成河……<br>　　评价：太厉害了！你们发现了这么多细节！<br>　　师：妈妈听见水声，赶紧喊道："不行！不可以！"<br>　　这回妈妈连用两个"不"字，她还会说什么？<br>　　生：快把水龙头关上…… | |

续表

| 第一课时 | 教学内容 | 笔记 |
|---|---|---|
| 教学过程 | ④ 裸奔图。<br>师：好不容易洗完了澡，让我们看看大卫——他光着身子跑出去啦！这是上哪啦？<br>生：房子外面的大道上。<br>师：大家还发现了什么细节吗？<br>生：大卫特别开心，双脚离地；小狗都惊呆了。<br>师：咱们快替妈妈把他叫回来："大卫，快回来！"因为会感冒。回来第一件事是干什么呀？<br>生：穿衣服。<br>过渡：看看我们猜对了没有？大卫果然穿上了衣服，穿的是鼓乐队的衣服。<br>师：这4幅图的故事都发生在什么时候？在学生回答后，老师不着急给出答案，而是开始下面的阅读。<br>⑤ 同桌互读"晚饭中"第5~7页。<br>刚才我们一起读了前4幅图，同学们认真地观察了图画，展开了想象，把故事讲得生动有趣。你们不仅读出了书中妈妈的话，还补充了为什么。下面，请你和同桌两人也用这样的方法讲讲大卫下面的故事，看谁讲得最精彩！<br>汇报交流。<br>⑥ 敲锅图。<br>师：晚饭时，大卫在干什么呢？<br>生：把锅扣在头上，手里还敲着平底锅。<br>妈妈说："大卫，不要吵！"因为不能制造噪声。<br>⑦ 玩食物。<br>师：食物上桌了，大卫在干什么呢？谁来接着讲？<br>生：妈妈说：_____因为：_____<br>⑧ 大嘴图。<br>师：谁来继续讲？<br>生：大卫把食物一股脑倒进了嘴里。<br>师：我们看看都有什么？ | |

続表

| 第一课时 | 教学内容 | 笔记 |
|---|---|---|
| | 生：妈妈说：＿＿＿＿＿＿＿因为：＿＿＿＿＿＿ | |

虽然大卫是个外国小朋友，此时，我们却很想告诉他一句中国的古诗：＿＿＿＿＿＿

联系自身：偷偷告诉老师，你吃饭时有没有过吵吵闹闹、浪费食物的行为？妈妈或老师有没有制止你呢？现在你觉得这样做对吗？读到这里，你能理解妈妈或老师的批评吗？

提新要求：同学们讲得特别精彩！老师好像欣赏了一部叫《大卫吃饭记》的精彩动画片。晚饭后又发生了什么事？你们愿意接着读、接着讲吗？

师：这回我们要一边读一边看，看看接下来会发生什么？

（2）全班共读"晚饭后"第8页到结束的部分。

① 回房间。

师：已经很晚了，大卫还在看电视，妈妈叫他回房间去。大卫很不高兴，为什么呢？他拿了一条围巾，猜猜他想干什么？

② 床上蹦。

师：果然，大卫把围巾当斗篷围在脖子上，在床上蹦。你发现了什么细节？

生：靴子、床单、小熊的表情……

师：妈妈让他躺下来，他听话了吗？

③ 挖鼻孔。

师：果然，他躺下挖鼻孔，小眼睛炯炯有神，就是不睡觉。妈妈说："不可以挖鼻孔！"你猜他挖着挖着睡着了吗？

④ 玩具图。

师：又让你们猜对了！大卫不但没睡觉，又起来了，还把玩具弄得满地都是。大家快看看，大卫都有什么玩具呀？注意倾听，不许重复。

妈妈说："把玩具收好！"猜猜大卫这回老老实实去睡觉了吗？

注：左侧栏目为"教学过程"

续表

| 第一课时 | 教学内容 | 笔记 |
|---|---|---|
| 教学过程 | ⑤打棒球。<br>师：又猜对了！你们太了解大卫了，快看看他现在在干什么？注意观察，这里是客厅还是卧室？为什么？你担心什么？<br>⑥闯祸图。（声效）<br>师：果然，大卫打碎了花瓶。只有花瓶被打碎了吗？请大家联系上下文再好好看看。此时此刻，大卫终于安静了，谁来讲述一下？（表情、心理）<br>生：妈妈说："我说过，大卫，不可以！"这是一个严厉的妈妈。<br>师：还可以怎么说？<br>生：疲惫的、苦口婆心的、无奈的……<br>师：你们猜妈妈会打他吗？<br>师：让我们数数，大卫从回家到睡觉的过程中淘气了多少次？（板书：贴图）<br>说来也怪，大卫从下午到晚上闯了那么多次祸，妈妈打过他吗？这次呢？<br>看到大卫流眼泪了，妈妈心软了。知错就改还是好孩子！<br>⑦安慰图。<br>师：妈妈说："宝贝，来这里！"你猜到这个结果了吗？<br>⑧原谅图。<br>师：最后，大卫终于在妈妈的怀抱里睡着了。妈妈说："大卫乖……我爱你！"<br>猜猜妈妈脸上的表情。 | |

**设计意图**

通过不同层次的阅读，运用观察、想象、预测、分析推理、整合诠释以及反思评价等方法，逐渐增加阅读的深度，在阅读中发展学生的语言表达能力和思维能力。

续表

| 第一课时 | 教学内容 | 笔记 |
|---|---|---|
| 教学过程 | **3. 理解故事（整合诠释）**<br>（1）画思维导图，回顾全文。<br>　　师：再次回读绘本，你能从哪里感受到妈妈的爱？（在音乐中自己读绘本）<br>　　生：整洁的房间、丰盛的饭菜、无微不至的照顾……<br>　　师：大卫的故事都发生在什么时候呢？<br>　　生：晚饭前、晚饭中、晚饭后。<br>　　师：请你用五指法分别讲述晚饭前（中／后）都发生了什么？<br>　　引导学生将思维导图画出来，小组可以讨论以什么为线索来画。<br>（2）讨论交流。<br>　　组织学生以小组的形式开展讨论：<br>① 大卫的妈妈爱他吗？能仅从妈妈最后的原谅中看出妈妈的爱吗？还能从哪里看出来？<br>② 妈妈为什么总对他说"不可以"？<br>③ 妈妈不让大卫拿高处的东西，这是为什么？（安全）<br>④ 妈妈不允许他光着身子跑出去，一口气吃那么多，这是为什么？（健康）<br>⑤ 妈妈告诉他不要浪费粮食和水，这是为什么？（节约）<br>⑥ 妈妈对着弄脏、弄乱房间的大卫说不可以，这是为什么？（爱护环境）<br>　　讨论结束后，请每个小组的学生代表来发表一下各自的见解。通过对上面问题的讨论，可否将各自的思维导图再修改一下呢？引导学生将大卫做的每一件事情背后的问题标注出来，如安全、健康、节约、爱护环境等。 | |

> **设计意图**
> 　　这个活动是为了帮助学生提高信息整合能力、推理能力以及反思评价能力。

续表

| 第一课时 | 教学内容 | 笔记 |
|---|---|---|
| 教学过程 | （3）资料引入。（配乐）<br><br>　年幼的大卫或许不懂妈妈的爱包含在每一个"不可以"里面，但是长大后的他一定会懂得——这也是《大卫，不可以》的创作渊源。<br><br>**4.联系自己（反思评价）**<br>　你的妈妈爱你吗？你能理解妈妈的爱吗？在生活中，我们也会做错很多事情，在妈妈对我们说"不可以"的时候，其实也是在表达对我们的爱。鼓励学生用自己生活中的实例来说明妈妈的爱。<br><br>**5.再创作——升华情感（创意应用）**<br>　老师想写一首诗，但还没有写完，你们愿意和我一起完成它，把它送给你们的妈妈吗？<br>　　把爱献给妈妈＿＿＿＿＿＿<br>　　妈妈总说"不可以"<br>　　但我知道妈妈其实＿＿＿＿＿＿<br>　　妈妈有时对我发脾气<br>　　但我知道妈妈从来没有＿＿＿＿＿＿<br>　　妈妈经常提出许多要求<br>　　那是妈妈对我＿＿＿＿＿＿<br><br>　　妈妈呀，妈妈<br>　　我获胜时，您是那么＿＿＿＿＿＿<br>　　我犯错时，您是那么＿＿＿＿＿＿<br>　　我生病时，您是那么＿＿＿＿＿＿<br>　　我懂事时，您又是那么＿＿＿＿＿＿<br>　　妈妈的爱<br>　　像春天里丝丝的雨<br>　　妈妈的爱<br>　　像夏日里＿＿＿＿＿＿<br>　　妈妈的爱<br>　　像秋天里＿＿＿＿＿＿<br>　　妈妈的爱<br>　　像冬日里＿＿＿＿＿＿ | |

续表

| 第一课时 | 教学内容 | 笔记 |
| --- | --- | --- |
| 教学过程 | 我要把爱献给妈妈<br>因为妈妈早已把全部的爱＿＿＿＿＿＿＿＿＿＿<br><br>**设计意图**<br>  带着问题进行反思，真正理解妈妈的爱，懂得"不可以"背后蕴含的母爱。师生合作，创作这首献给妈妈的诗，使情感得以升华，提高学生的创作能力。<br><br>**6. 拓展延伸，再见大卫**<br>  感谢这本精彩的绘本《大卫，不可以》，它让我们在一节课中懂得了这么多！你知道吗？大卫的故事还没有结束，大卫系列还有《大卫上学去》，猜猜它讲的是什么事？这回，是谁对他说不可以呢？还有一本书叫《大卫惹麻烦》，这就更有趣了，因为它是以大卫自己的口吻写的一本书，想不想知道大卫每次犯错误时，他自己是怎么说的？<br>  下课后，你可以和同学老师一起读，也可以和爸爸妈妈一起读！<br><br>**设计意图**<br>  留下尾声，引发阅读期待。 | |

第四章

# 语文教学中写作策略的培养

李文玲　王琦

**本章导读**

　　审辩阅读与写作两者的关系密不可分，它们相互依存。本章详细介绍了写作教学策略，为老师们提供了教学指导，并通过一堂小学的阅读课为老师展示了如何在阅读课中开展写作教学。

## 写作能力的培养

　　阅读和写作之间有着密不可分的联系。粗浅的阅读会导致写作能力匮乏，反之亦然。如果学生没有明确的写作目标，或者不知道如何表达，那么，他们的阅读也会出现类似的问题，如阅读时抓不住主题等。他们以为阅读过了，就理解了文章内容，其实不然。如果是粗浅的阅读，学生很快就会忘记并经常扭曲他们所读的内容，歪曲文本。同样，肤浅的写作不会给读者带来任何感悟或乐趣。所以，审辩阅读与写作是伴随思维成长的、相互依存的两种技能，两者都要求我们从多个角度思考问题，对问题要进行深入的、审辩性的思考。

对很多孩子来说，写作是一件难事，很多孩子最头疼的作业就是写作文，他们通常会有不愿写、难下笔、思路窄、语言匮乏等写作困难。事实上，写作是我们参与社会交往活动的重要组成部分，是有效交流、学习和自我表达的工具。如果你缺乏有效的写作技能，你的学业成绩、就业机会都会受到很大的限制。

阅读会影响写作，同样地，写作也会影响阅读。当把阅读教学与写作教学结合起来时，学生的学习效果最佳。研究发现，当孩子们广泛阅读时，他们会成为更好的作家。阅读各种类型的文章有助于学生学习文本结构和语言，然后他们可以将从阅读中学到的知识转移到自己的写作中。因此，阅读在写作中起着重要作用。同时，写作练习可以帮助孩子们提升阅读技巧，对于正在发展语素意识的低幼儿童来说尤其如此。当儿童阅读和书写含有"氵"的字时，语素意识（如"海""河""江""湖"都有共同的偏旁）就会发展出来。同样地，当儿童阅读和书写相同的词汇时，将字形和语音联结在一起、构建单词的能力也会得到加强。对于年龄较大的孩子，撰写自己的文章的过程可以帮助他们分析阅读的文章内容。他们可以选择并应用在阅读中学习的语汇、文本结构或表达方式，以更好地构建自己的写作框架和内容。

写作是阅读的产物，写的内容源于所想，而"想"的内容则来自自己阅读的文本，以及自己的生活体验。如何帮助学生获得有效的写作技能，我想从写作的几个步骤进行说明。任何写作都要经历以下几个步骤：激发写作灵感、确定重点意义、合理设计结构、初稿形成、写作规范，见图4-1。

以上的每一个环节都是写作过程的目标，而要实现这些目标，要有方法加以指导，这些方法就是写作策略。策略也被称为脚手架，它帮助学生开展写作练习，让学生学会写作策略，慢慢地成为独立的写作者。

**图 4-1　写作过程图示**

# 写作策略

**阶段 1—激发写作灵感：**这是写作最重要、也是最难的部分，只有找到了写作的话题和灵感，才能谈论如何写作。写作灵感并非凭空产生的，它一定基于观察、阅读以及生活经验。在审辩阅读中，如果你善于分析、整合以及反思；在日常生活中，如果你善于观察、总结以及反思，那么你就会有话题和灵感。下面为大家介绍几个小策略。

**写作策略 1.1　看图讲解**　当你看到一幅图画时，你要将自己想象成一位讲解员，为图画进行详解。给图画中的人物、物体等贴上标签，讲解他们的故事以及你自己的理解。如果你能够回答下述问题：他（它）们是谁？发生了什么？我学到了什么？你就可以把你想到的写下来。例如，对于《大卫，不可以》这个绘本，让我们看看封面：

大卫想拿鱼缸，但是够不着，怎么办呢？他站在一摞书上，抬起双手去够鱼缸。哎呀，还是够不着，再踮起脚来，够着了够着了！可是下一秒，你猜猜会怎么样？鱼缸会破碎，鱼儿会死掉，大卫自己呢？也会摔个大跟头，说不定会被碎玻璃扎到。太危险了！

从封面的图画中，你发现了什么细节呢？

小鱼惊恐的表情，它们好像在说……

鱼缸离开了桌面，鱼缸里的水已经溅出来了，桌子脚已经离地了，蓝色的书已经翘起来了，大卫自己也失去平衡了。

在观察图画时，如果我们能引导孩子细心观察，把画面所表现的内容和它后面想要表达的内容都讲出来，这个过程就为孩子们的写作创造了很好的条件。

写作策略 1.2　解释图表　当你看到一张图表时，你要将自己想象成一名总经理。将图表中的数字解释给大家——解释数据代表什么，它说明了什么，问题出在哪里，你想如何改进。如果你能够回答以上问题，你就可以将它们写下来。

| 产品 | 销售额：元 | | 产品单价：元 | |
|------|------|------|------|------|
| | 普通价 | 会员价 | 普通价 | 会员价 |
| 大米 | 231.00 | 422.40 | 1.50 | 1.32 |
| 色拉油 | 288.00 | 259.20 | 32.00 | 28.80 |
| 菜油 | 165.00 | 264.60 | 5.50 | 4.90 |
| 挂面 | 238.00 | 155.00 | 3.50 | 3.10 |
| 土豆片 | 387.00 | 234.00 | 1.50 | 1.30 |
| 巧克力 | 180.00 | 136.80 | 6.00 | 5.70 |
| 方便面 | 135.00 | 243.00 | 3.00 | 2.70 |
| 白酒 | 88.00 | 126.00 | 4.00 | 3.50 |
| 啤酒 | 180.00 | 252.00 | 4.00 | 3.60 |

（1）图表里列出了产品销售额和产品单价，它们的区别是什么？

（2）普通价和会员价的区别是什么？

（3）不同产品的销售方案有什么区别？说明了什么？

（4）通过会员的销售是更有效的吗？在哪里体现了这一点？

（5）作为总经理，你想如何提高销售利润呢？

**写作策略 1.3　边看边说**　在日常生活中，当你观察到有趣的事物时，一定要仔细观察，发现一些细节，想一想它和其他同类事物的区别是什么，哪些是你以前没有注意到的？哪些是需要你进一步探究去发现答案的？例如，当你来到公园看到一些鸟或者蝴蝶时，你可以首先问问自己下面这些问题：这种鸟叫什么名字？它们的特点是什么？和其他鸟有什么区别？在哪里可以找到它们？它们喜欢什么地方？叽叽喳喳的叫声是它们的语言吗？它们如何表达喜怒哀乐？如果需要你给一些游客介绍这种鸟，你会如何讲解呢？

**写作策略 1.4　T 型图（边读边想）**　阅读策略也提到过 T 型图，它可以帮助学生通过阅读文中的内容，记录自己的所想，这些就是学生写作的灵感之源。左边是文本中发生了什么，右边是自己产生的想法。在阅读的"感想"中找到自己最感兴趣的内容，将它写下来。

| | |
|---|---|
| 文章的标题 | 你认为合适否？ |
| 有趣的话 | 你的理解、感悟是什么？ |
| 结构 | 清晰否？ |
| 风格 | 喜欢否？ |
| 人物 | 描写如何？ |
| 事件 | 背后的意义是什么？ |
| 观点 | 同意否？ |

**写作策略 1.5　合作学习**　合作学习是激发写作灵感非常好的办法。当有一个写作活动时，我们可以通过小组的集思广益，找到最好的"点"去写作。每个同学都有自己感兴趣的话题，当你和其他同学分享时，可以让其他同学说说他们的建议和思路。思维碰撞一定会将自己的思路调整得更好。

**阶段 2—确定重点意义：**在有了写作灵感之后，学生需要思考，自己将要写的内容，其主题是什么？它背后的意义是什么？要围绕某个想法、某种观点或者某条线索展开写作，而不能漫无目标地乱写。写文章的目的一个是表达自己，另一个是分享经验或揭示其背后的意义。

写作策略 2.1　五指法　在介绍阅读策略时，我们介绍过五指法。它是按照事件发生的顺序分别说出每一个事件，然后用一句话来概括；或者用五个手指一一说出某个人物的特征，并用一句话总结该人物的性格特征。写作策略却恰好相反，此时，你已经有了写作的方向、大概的主题，那么，你需要细化一下你的内容，例如，故事的几个事件、发生的顺序、故事中的人物、主要人物的特征等，你可以通过五指法，将这些内容进行罗列。

写作策略 2.2　KWL 方法　在介绍阅读策略时，我们介绍了"KWL方法"。"K"指"what we know"（我们知道的信息），"W"指"what we want to know"（我们想知道的信息），"L"指"what we have learned"（我们学到了什么）。"KWL 方法"同样可以指导学生的写作。当我们已经有了写作的主要方向或者主题时，我们可以思考一下，就这个主题而言，什么是已经知道的信息，什么是你想要了解的信息，什么是你想要大家学到的东西。

| K：我们知道的信息 | W：我们想要知道的信息 | L：我们学到了什么 |
|---|---|---|
|  |  |  |

**阶段 3—合理设计结构**：在有了文章的主题后，下面要决定的就是用

什么样的文体来呈现——记叙文、说明文、议论文或其他；同时要有一个清晰的结构，如开头、经过和结尾。就像我们在阅读策略里介绍的思维导图一样，当学生已经有了写作灵感、主题以及细节时，可以像画思维导图一样，画一个写作规划图，这样就会帮助学生整理思路，将要写的内容的逻辑关系、人物关系、时间顺序等都梳理清楚。

**写作策略 3.1　故事情节策划图**　按照故事的开始、问题出现，问题越来越复杂直至故事的高潮，到问题解决，最终故事结束的顺序策划故事发展。

**写作策略 3.2　议论文写作准备图**　如果你准备写一篇议论文，重要的是准备你的论点和论据。议论文写作准备图可以帮助学生准备自己的文章。

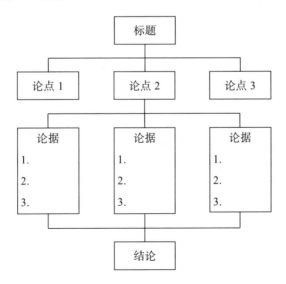

**写作策略 3.3　故事的五元素**　如果要写一篇记叙文，如故事，必须想清楚以下五个元素：人物、时间和地点、主要的问题或矛盾、重要的事件、问题如何解决。学生在写作之前可以将自己的故事五元素画出来，这样能够帮助学生整理思路。

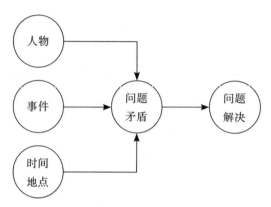

**写作策略 3.4　人物关系网**　有的故事会有很多人物，而且人物之间会有复杂的关系。可以通过绘制人物关系网来梳理人物之间的关系，这能够帮助学生对人物产生更深刻的认识，甚至有助于对故事主题进行挖掘。

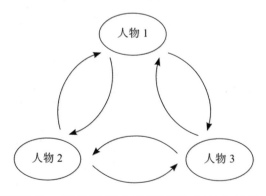

**阶段 4—初稿形成**：当确定了自己要写的内容和结构后，可以开始将初稿详细地写出来。在写初稿的过程中，有一些写作策略。

**写作策略 4.1　添加细节**　根据以上结构设计，将每一个部分细化，添加内容。

写作策略 4.2 **研究和搜集资料** 根据你要写的内容，做些更具体的研究，搜集有关资料，对要写的话题进行相应的调整。

写作策略 4.3 **移情体会** 对人物进行描写时，想象如果你是该人物，他/她的心理活动会是什么。只有细细体会，你笔下的人物描写才会生动。

写作策略 4.4 **再审视** 在初稿形成时，你要以一个读者的身份阅读一遍，看看你的文章是否传递了想要传达的信息。你可以问自己这样几个问题：

在你的文章中，最重要的信息是什么？文章是否突出表现了这一点？

你能简洁地用 3~5 句话讲出来吗？是否有一些无关紧要的内容？

画出你文章中的论点/论据，看看语言的表达是否清晰。

| 标题 | 是否还有更好的标题选择？ |
|---|---|
| 结构 | 条理是否清晰？ |
| 重点 | 是否突出？ |
| 论点/论据 | 阐述清楚/论据充分否？ |

**阶段 5—写作规范：**包括正确地使用词汇、语法、标点符号及格式等。

写作策略 5.1 **红绿灯指示** 如何写一个段落，用红绿灯来帮助低龄孩子开展写作。

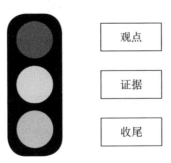

- 开始新的一行；
- 空两个格；

- 写出自己的观点；
- 写几句话来支持自己的观点；
- 写一个结束语。

**写作策略5.2 句子间的关联词** 当学生开始写作时，他／她可能有很多想法，每个想法又有很多佐证。要想清楚地表达每一句话之间的联系，需要学会使用"转折词"去连接每一句话。例如：

- 表示同意、补充、递进：不仅……而且……，此外，并且，同样，第一、第二、第三等；
- 表示反对：尽管，即使，但是，然而，除此之外，虽然；
- 表示原因：鉴于，为了，如果，无论如何，由于；
- 表示支持：事实上，尤其是，意思是，主要是，换言之；
- 表示因果关系：所以，因此，于是，从此，结果；
- 表示总结归纳：总之，总而言之，简要地说，综上所述；
- 表示时间顺序：开始，接着，然后，最后，同时，至今。

要提高学生的写作能力并非易事，关键是培养学生的审辩阅读能力。要让学生养成良好的阅读习惯，在阅读中不断质疑、不断思考，捕捉不断深化思考时的收获；再将其结构、人物、事件加以组织、整理，深化其主题的意义；最终将它们书写成文。这个过程需要教师的引领，一名优秀的读者一定会成为一名出色的作家。

# 举例：《一个小村庄的故事》教学设计

## 一、教学内容

这篇文章是小学三年级下册的一篇课文，文章短小，语言朴实，然而其隐含的道理却非常深刻。本文没有一处谴责人们乱砍滥伐树木的行为，却把抽象的含义化为具体的物象，让我们从这些可视可感的画面中领悟、认识保护环境的重要性。本文语言浅显、朴实，却用娓娓道来的方式向学生讲述了一个村庄从发展到毁灭的过程。文章中也有含义很深刻的句子，与学生的人生体验有些距离，理解起来有一定的难度。教师如果通过审辩阅读与写作策略来开展教学，就能有效地帮助学生更深刻地理解本文的含义，并在阅读的基础上培养学生的写作能力。

## 二、教学实施

| 第一课时 | 教学内容 | 笔记 |
|---|---|---|
| 教学目标 | 1. 在厘清小村庄变化的过程中，整体性地把握故事的发展脉络。<br>2. 通过变式阅读，不断丰富想象力和情感体验，达到更深刻地理解课文内容的目标。<br>3. 在读故事、讲故事和创编故事的语言实践中，感悟小村庄逝去的原因和给我们带来的思考。<br>4. 通过文章故事情节的变化、语言的运用，分析推理、整合诠释以及引导学生进行反思评价，培养学生的审辩思维能力。<br>5. 通过对故事的改编，培养学生的写作能力。 | |
| 教学过程 | **1. 文章导读**<br>　师（出示 3 幅图）：这 3 幅图画的是故事中的小村庄吗？你们能给这 3 幅图分别起个名字吗？写在学习单上。<br>**2. 基础阅读**<br>（1）自由轻声地朗读课文，说说这篇文章讲了一个什么故事。<br>（2）随机出示学习单。（学习单上的 3 幅图分别为早先的小村庄、变化中的小村庄和被洪水冲走的小村庄）<br>　让学生从不同角度自由填写。 | |

续表

| 第一课时 | 教学内容 | 笔记 |
|---|---|---|

<table>
<tr><td>（    ）的小村庄</td><td>（    ）的村民</td></tr>
<tr><td>（    ）的小村庄</td><td>（    ）的村民</td></tr>
<tr><td>（    ）的小村庄</td><td>（    ）的村民</td></tr>
</table>

预设：美丽的小村庄、树木减少的小村庄、消失的小村庄……快乐的村民、忙碌的村民、失去一切的村民……

（3）建立上下文的关联，整体把握故事情节的变化，感悟村民与环境之间的联系，鼓励学生说一说：

① 把大家给小村庄起的名字连起来读一读，你们发现了什么？再把从村民的角度起的名字连起来读一读，你们发现了什么？

② 把小村庄的变化和村民的变化联系起来读一读，你们又有什么新的发现？

教学过程

**设计意图**

整体感知，梳理文章的脉络，让学生在语言实践活动中从多角度进行思维，自主建构整体概念。初步把握课文内容，发现故事的变化。

**3. 深层阅读**

我们发现了小村庄的变化，也发现了村民的变化。让我们再来读一读这个故事，能把这些变化读出来吗？请同学们以小组为单位，分角色读一读，三个同学分别读不同的内容，一个同学来说说为什么这样读。

**设计意图**

从整体出发，再次把握故事的情感变化，让学生建立起完整的阅读体验和情感体验。

在读中想象，丰富情感体验。

续表

| 第一课时 | 教学内容 | 笔记 |
|---|---|---|
| 教学过程 | （1）大家都认为第1自然段中描写的小村庄是美丽的，这美丽的小村庄是什么样的？请同学用自己的话说一说。<br><br>生：这个小村庄很美丽，这个小村庄周围有很多的树木……<br><br>（2）课文给这段文字配了插图，请大家来看一看（出示文中插图），结合插图，再来说说小村庄里还有哪些景物。<br><br>生：有湛蓝的天空，有一栋栋房子，天上还飞着成群的小鸟……<br><br>（3）有些我们在插图中看到的景物，在课文第1自然段中并没有写，是编者依据第1自然段的描写想象出来的。你们能不能也学习这样的方法，结合第1自然段的描写，展开想象，看看谁能把这个美丽的小村庄的景物想象得更丰富。<br><br>生：小村庄里有一条清澈见底的小河，河里的小鱼快活地游来游去，水草在水中荡漾……<br><br>（4）一段语言就是一幅画，它充满了诗情画意，让我们一起把看到的小村庄用诗意的语言描绘出来。鼓励学生说说如何描述一个小村庄，如使用五指法（树木、河水、天空、空气、村民），再用一句话总结。<br><br>随机出示：<br>山谷中有个美丽的小村庄。<br>树木（　　　　　　　　），<br>河水（　　　　　　　　），<br>天空（　　　　　　　　），<br>空气（　　　　　　　　），<br>村民（　　　　　　　　）。<br><br>■设计意图■<br>　　采用变式的语言形式，把文中的描写改写成诗句，这样不断地增加学生的语言实践活动，不断地加深美丽的小村庄在学生头脑中的印象，这与后来的小村庄的逝去形成了鲜明的对比，这样的反差会引发学生与作者产生强烈的感情共鸣。 | |

| 第一课时 | 教学内容 | 笔记 |
|---|---|---|

（5）在这段文字前面，作者加上了"早先"，请同学们再仔细地读一读，现在和刚才的感觉有什么不一样？

出示：早先，山谷中有个美丽的小村庄。

树木（郁郁葱葱），

河水（清澈见底），

天空（湛蓝深远），

空气（清新甜润）。

生：文章加上了早先，这让我们感受到这个美丽的小村庄已经成了过去，它不见了。再次读起来，我们会感到惋惜、忧伤。在这里，我们可以增加一个活动：让每个小组根据某条线索画一幅思维导图，并将重要的线索信息标注出来。

---- 设计意图 ----

品读"早先"，感受小村庄的美丽已成为过去的忧伤。

----

教学过程

（6）我们发现，小村庄从美丽到消失，村民从快乐幸福到一无所有，这是故事中大的变化。一个故事光有大的变化是不能打动人的，故事里还有许多处小的变化藏在文字里，让我们默读课文，仔细地找一找、画出来，想象着读一读，请同组的两人互相交流。

① 交流变化一："谁家想盖房，谁家想造犁，就拎起斧头到山上去，把树木一棵一棵砍下来。"

随机引导：

A."谁家想盖房，谁家想造犁，就拎起斧头到山上去，把树木一棵一棵砍下来。"按照作者的说法，联系下文内容，我们顺着想下去，谁家想……谁家想……就拎起斧头到山上去，把树木一棵一棵砍下来。

生：谁家想造床，谁家想制椅子，就拎起斧头到山上去，把树木一棵一棵砍下来；谁家想烧火，谁家想做擀面杖，就拎起斧头到山上去，把树木一棵一棵砍下来……

| 第一课时 | 教学内容 | 笔记 |
|---|---|---|

**教学过程**

　　随机引导：这样想象着读一读，我们就有了些感受，那是什么？
　　生：任何人都可以上山去砍树，人们随意地砍伐树木。
B.树木被"一棵一棵"地砍倒，你感受到了什么？
　　生：大量的砍伐。
　　看到树木一棵一棵地倒下时，说说你的心情。
　　生：悲伤、愤怒、着急……
C.谁家想盖房，谁家想造犁，就拎起斧头到山上去，把树木一棵一棵砍下来。可是谁也没想到的是什么？
　　生：没想到洪水会来；没想到树木没了，土地也保不住了……

┌─ **设计意图** ─────────────────────┐
　　在以上教学环节中，教师引导学生抓住故事的变化，想象画面，品味文字中蕴含的情感。让学生在品读、推想和体验的过程中，亲历阅读的全过程，自主地与文本作者进行有效的对话。
└──────────────────────────────┘

② 交流变化二：一年年，一代代，山坡上的树木不断减少，裸露的土地不断扩大……
　　随机指导：
A.出示"裸"字在字典中的解释，读读字典中"裸"字的本义和引申的意思，在了解字义的基础上，我们再来看看字形，"裸"字的左边是"衣"，右边是"果"，课文中土地的衣服指的是什么？
　　生：森林。砍掉所有的树木，就等于脱掉了土地的外衣。
B.师生共同进行文本对话。也就是说，树木减少一分，（学生接）"土地多裸露出一分。"树木减少一小片儿，（学生接）"土地多裸露出一小片儿。"树木减少一大块，（学生接）"土地就裸露出一大块。"树木不断地

| 第一课时 | 教学内容 | 笔记 |
| --- | --- | --- |

减少，（学生接）"裸露的土地不断地扩大。"

┌─ 设计意图 ┐

结合语言情景，在语境中理解"裸"字的含义，并通过形、义结合，帮助学生感悟土地与森林之间的内在生态联系。

└────────────┘

③ 交流变化三：树木变成了一栋栋房子，变成了各式各样的工具，变成了应有尽有的家具，还有大量的树木随着屋顶冒出的柴烟消失在天空了。

随机指导：

A. 透过文字，我们看到了小村庄的变化，村民呢？又是一种什么样的情景？我们一起说一说。

随机出示：一年年，一代代人们用树木

造（　）房子，

制（　）工具，

做（　）家具，

煮（　）饭菜。

**教学过程**

B. 人们不是过上了不错的生活吗？为什么在同学们的朗读中我听不到喜悦？

我们需要再次整合信息，更新我们讨论的问题或修改一下我们的思维导图。（加上重点变化线索）

┌─ 设计意图 ┐

以上教学环节实现了以写促读，在把文章的语句变成诗句的过程中，凸显了语用的功能。同时通过对文章中的线索（三个变化）进一步的分析理解以及对信息的整合诠释，提高了学生的审辩思维能力。

└────────────┘

**4. 反思及创新**

（1）出示视频《慢慢逝去的小村庄》，齐读最后一个自然段。

（2）再次回顾这个故事，请同学们抓住故事中的变化，以"村民盖新房是对还是错"为题，开展一次简短的辩论。

| 第一课时 | 教学内容 | 笔记 |
|---|---|---|
| 教学过程 | （3）创编故事，再现美丽的小村庄。<br>　　大家喜欢这个故事的结果吗？如果不喜欢，我们一起来改一改这个故事。<br>　　PPT 出示：<br>　　山谷中，早先，有过一个被洪水卷走的小村庄。山上……<br>　　有一天村里住进了十几户人家……<br>　　一年年，一代代，山上的树木不断……裸露的土地不断……<br>　　现在，小村庄……<br>　　通过对《一个小村庄的故事》教学环节的展示，我们可以看到阅读与写作过程是密不可分的，阅读与写作过程是相互补充的。以上教学环节，在让学生品读了故事的细节之后，再次回到故事的整体上来。这些深层阅读的环节又帮助学生为写作的过程作好了准备。最后的创编故事环节，是把整个故事用逆向思维的方式串起来，让学生在语境中积累语言、运用语言、表达情感，提高学生的写作能力。 | |

# 第五章

# 中学语文审辩阅读与整本书教学

李文玲　徐沙沙

**本章导读**

　　本章分别讨论了中学语文教学的重点和难点，审辩阅读教学在小学和中学的区别，如何通过整本书阅读培养中学生的审辩思维；并以初中一年级学生对《西游记》整本书阅读中"真假美猴王"篇章的精读为例，探讨了如何在整本书的阅读中运用审辩思维教学法。

## 中学语文教学的重点和难点是什么？

　　纵观这一两年的语文高考题，有以下几个特点：①阅读量大，阅读范围广，素材丰富，包括现代文、古文、诗词等不同的文体。这要求学生养成热爱阅读的习惯，具备丰厚的知识积淀；②提高对学生的阅读能力、阅读素养的要求。阅读文章后的问题理解以及延伸的写作要求，都与以往的阅读理解问题不同，更多的是在考查审辩阅读及审辩写作的能力；③语文考试不仅仅考查对语言文字本身的理解和运用能力，它还考查学生的综合素养，文章内容涉及文化、文学、艺术、历史、地理、科技等领域，印证了综合阅读（跨学科阅读）的重要性；④考题特别注重社会意识，引导学生将阅读与自己的生活相联系，积极地参与社会和服务社会。

对高考题目的分析从另一个角度明确了中学语文教学的重点和难点。第一，需要扩大学生的阅读量，而且需要对经典文本进行深层次阅读。近年来，越来越多的中学教师开始关注整本书阅读。整本书阅读需要学生对文本进行深层次的探究，而不是一目十行，敷衍了事。深层阅读的过程要遵循审辩阅读的教学原则，逐步进阶式地、不断地对问题进行探究和分析，第二，阅读内容要广泛，最好是跨学科的综合阅读，扩大学生的知识面，并且学会从不同的方面思考宇宙和世界问题，提高学生的综合素养。第三，在对文本进行审辩阅读的同时，还要结合学生的生活经验，提高学生对问题的理解层次，以及解决问题的能力。

## 小学和中学的审辩阅读教学的区别是什么？

从教学目标上说，无论是小学还是中学，审辩阅读的教学目标是一致的：在阅读文本时能够提取有效信息；能够根据上下文对信息进行分析和推理；能够将所收集的信息组织得清晰有序，并根据不同的线索整合信息；能够对文章的内容、修辞、风格或标题等提出自己的看法；能够在解决问题的过程中展示想象力和创新能力；能够尊重他人的想法，对自己的想法与他人想法，进行清晰的比较；有良好的团队合作精神，通过讨论／辩论，提出进一步的改进建议；语言表达清晰（口语及书面语），能够提供充分的例证并作出清楚的解释，包括逻辑上的和语言上的。

在教学中，由于学生的特点不一样，教学的重点是非常不同的。学生是我们教学的对象，我们首先要对学生的特点进行分析。小学生刚刚开始学习，主要的学习目的是培养良好的学习习惯，学习基本的知识，并培养良好的思维习惯。他们自身的审辩思维能力还不够强，这个阶段更加需要教师的引导。一个好的教师会影响学生的一生，道理也在这里。我们教授给学生的思维方法，不仅会影响他们的学习，还会影响他们对问题的分析、评价，以及个人世界观的建立。

当学生进入中学时，他们的独立生活能力有了明显的提高，同样地，他们的思维能力也在不断增强，他们开始有了自己的主见，独立思考能力也有了长足的进步；但是他们的辨识能力、综合分析、个人评价的能力还有待提高。处于中学阶段的学生，他们的学习能力非常强，记忆力处在巅峰状态，思维活跃，想象力和创新力经常会超出你的期望。这个阶段也是学生形成世界观的关键时期，积极地引导学生学会如何思考，以及如何审辩地分析问题、评价问题等对学生思维能力的提高以及他们的世界观的建立都是至关重要的。

在小学审辩阅读的教学中，通过由低到高的思维进阶训练，教师为学生提供一个"扶手梯"，引导学生不断地探究问题；从信息提取、分析推理、整合诠释、反思评价和创意应用五个阶段出发，不断地引导学生学会如何提出问题、分析问题和解决问题，让学生学习科学的思维方法；而在中学的审辩阅读教学中，由于学生已经具备了一定的独立思考能力，在教学中，要逐渐地从对思维过程的训练，转向对思维深度的训练。在上面我们提到的五个阶段的审辩阅读教学中，重点是阅读策略的培养，如提出问题、研究问题、论点论据以及辩论演讲等。

# 整本书阅读与审辩思维能力

整本书阅读的主要目的是通过活动或游戏引导学生将阅读从基础阅读，逐渐地转向深层阅读和创造性阅读的层面。图 5-1 介绍了整本书阅读教学的模型。主要的阅读过程包括故事导读、信息梳理、整合诠释、反思评价以及创意应用。我们也将这五个过程称为五个教学步骤。因为可以将整本书分为多个篇章分别加以阅读和讨论，每一个阶段的阅读都可以包括故事导读、信息梳理、整合诠释、反思评价及创意应用，见图 5-1。

**图 5-1　整本书阅读的教学模型**

**步骤一：** 故事导读。

目的是了解故事背景，激发学生的阅读兴趣。

- 教师要和学生一起聊一聊和该文章主题相关的话题，唤起学生生活中已有的相关经验；
- 在阅读文章之前，介绍与文章有关的文化背景、知识背景及作者信息，激发学生的知识及阅读动机。

活动 1：浏览目录。通过浏览目录猜测故事的大意，故事的整体设计是什么？主要人物都有谁？主要的矛盾冲突是什么？你可能最喜欢哪个角色？通过这样的活动，最大限度地激发学生阅读的兴趣。

活动 2：章节划分。在这个活动中，给学生一些明确的任务，如阅读前三章，给学生一些明确的问题，以便后面进行深层讨论。

**步骤二：信息梳理。**

目的是帮助学生梳理信息，将故事中的人物、时间、地点、人物关系、主要事件、时间顺序等梳理清楚。

活动：思维导图是梳理信息的有效工具，而且有助于提高学生的逻辑思维能力。

**步骤三：整合诠释。**

目的是对阅读的内容进行更加深入的加工，将信息的不同线索整合在一起。通过这样的信息整合活动，学生可以探究问题背后的原因、人物的内在动机、矛盾的症结所在，以及作出更加公正、全面的分析和评价。

活动 1：通过五指法总结各方面的线索 / 原因 / 个性等。

活动 2：用图示的方法总结作者的观点及证据。

活动 3：通过广告设计或者新书推荐等活动，让学生归纳、总结文章主旨，并用简单的语言进行总结和介绍。

**步骤四：反思评价。**

目的是通过对文本进行阅读而有所感悟，提出自己的看法和观点，还要有自己的证据。这里的看法或观点，可以是对作者的观点表示赞同或者反对，但重点是要有证据支持自己的观点。

活动 1：运用 T 形图的方法，对文中的人物、观点、用词等提出自己的观点。

活动 2：通过辩论活动，让学生学习、研究如何搜寻证据，开展辩论活动。

**步骤五：创意应用。**

目的是在提出自己看法的基础上，进一步引导学生产生创意。对原有的文章内容进行再创作，如改编、有感创作、绘画创作、手工创作、表演等。

活动 1：根据文中某个观点，发表自己的看法。

活动 2：写通信、信件、文章推荐。

活动 3：艺术再创作——配图、表演等。

活动 4：演讲、辩论。

# 如何通过整本书阅读培养中学生的审辩思维能力？

## 一、教学内容

整本书阅读是近两年来中学语文教学的热点和重点之一，但同时是一个难点。整本书阅读作品篇幅长、内容多、价值多元，对学生阅读能力的要求也更高、更综合，笼统的阅读不能很好地帮助学生读懂文本、提升能力、读出价值。针对初中学生的学情特点，教师有必要为学生搭建阅读支架，通过科学探究的方式，培养他们的审辩思维能力，提升其阅读素养。其中，审辩阅读就是一种很好的学习模式，它以逐层进阶的思维路径为学生搭建阶梯，帮助学生一步步读懂长文本，提升阅读素养，培养审辩思维能力，引导创新与实践。本书以初中一年级学生对《西游记》整本书阅读中"真假美猴王"篇章的精读为例，对审辩阅读在初中整本书阅读中的运用进行了初步的探索。

## 二、教学计划

### （一）教学目标

（1）通过审辩阅读的方法，引导学生深刻理解名著内容，形成个人感悟。

（2）通过片段精读打通全书，品鉴人物形象，挖掘作品主旨。

（3）通过对审辩阅读策略的训练，培养学生的审辩思维能力以及语言表达能力。

（二）教学时数：2 课时

## 三、教学实施

| 第一课时 | 教学内容 | 笔记 |
| --- | --- | --- |
| 教学目标 | 1. 默读文章，以画情节折线图的形式整体感知文章内容。<br>2. 精读关键词句，对主要内容形成自己的理解和阐释。 | |
| 教学重难点 | 1. 重点：① 默读文章，以画情节折线图的形式整体感知文章内容。② 精读关键词句，对主要内容形成自己的理解和阐释。<br>2. 难点：精读关键语句，对主要内容形成自己的理解和阐释。 | |
| 教学过程 | **1. 导入**<br>　　同学们最近读了《西游记》中"真假美猴王"的情节，对于真假美猴王的故事，现今的读者多有质疑。在网上发帖中，有人根据回目名称和文中孙悟空的言辞，考证出真假美猴王都是孙悟空自己。也有人根据两回中的种种细节推测，最后被打死的其实是真正的孙悟空。你是否赞同这些观点？<br>　　请有针对性地设计两则贴吧回帖，跟两位楼主谈谈你"考据"的结果。<br>　　咱们来看看大家的完成情况。首先，大家观点各异，各执其辞，并没有达成共识；其次，相当一部分同学的回帖脱离文本、浅尝辄止，得出的观点证据不足。那么，在真假美猴王里，被打死的"假美猴王"到底是谁呢？是文中所说的"六耳猕猴"，还是坊间传说的"真正的孙悟空"，或者有其他我们并没有发 | |

续表

| 第一课时 | 教学内容 | 笔记 |
|---|---|---|

现的真相呢？这节课，让我们一同走进谜题，辨微解惑吧。

**2. 整体感知**

活动一：绘制情节折线图

请快速浏览第五十六至五十八回，以折线图的形式梳理"真假美猴王"事件的缘起、主要经过和结果。

预设：

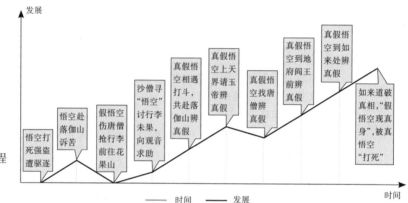

注：横坐标按照事件的自然发展顺序排列情节，如有同时发生的，则按作者叙述的先后进行排列。纵坐标按照"真假美猴王"事件发生与发展的趋势安排坐标的高低。例如，朝问题解决的趋势发展的（可能解决的希望大一些），纵坐标就高一些；有转折，有回落，希望变小的，纵坐标就低一些。问题最终解决时纵轴最高。

活动二：你来提问

（1）请将阅读中你有疑问的词句勾画出来，向同学自由提问。

（2）完成必答题。

① 在第五十六回中，悟空得知遇到了强盗，"心中暗喜道：'造化！造化！买卖上门了！'"这里的"买卖"指什么？这个词语让你对孙悟空这个人物有了哪些新的了解？

续表

| 第一课时 | 教学内容 | 笔记 |
|---|---|---|
| 教学过程 | 　　预设：这里的"买卖"指的是打杀强盗的机会。孙悟空将对付强盗、打杀强盗这样的事情说成玩笑式的"买卖"，可见他内心并不重视他人生命，只把打杀人命当作生意和游戏，心里的"恶念"还未除尽。<br>②"孙大圣有不睦之心，八戒、沙僧亦有嫉妒之意，师徒都面是背非"，你从这句话里看出师徒四人当时的关系是怎样的？<br>　　预设：师徒四人出现了不和睦的现象，孙悟空因为师父对他的责怪和无情无义地撇清自己的责任心生怨恨，唐僧对孙悟空的恶行、恶语心怀不满，八戒、沙僧嫉妒悟空的狂妄自夸和师父对他的包容……总之，师徒四人并不团结，各有异心。<br>③在第五十七回中，观音菩萨评价悟空"不仁""不善"，这里的"不仁""不善"指什么？请结合文本具体内容谈一谈。<br>　　预设：不仁、不善指孙悟空伤害人命、打死强盗，视人命如草芥，且不顾老者对他们的帮助和恳求，依然伤了他儿子的性命。他固执、残忍，不但不顾强盗的性命，也不考虑其他人的感受和劝告，只图自己"除恶务尽"。菩萨认为悟空只需要将强盗驱散即可救师父，并不需要将其打死。<br>④在第五十七回中，假猴王"轮铁棒，丢了磁杯，望长老脊背上砑了一下"。这里的"砑"是什么意思？作者描写这一细节的目的是什么？<br>　　预设："砑"的意思是轻轻地接触、碰撞，说明假猴王是有所顾忌的，并不是真的想伤害唐僧的性命。这一细节可以让学生更细致地思考假猴王与唐僧间的关系。<br>　　活动三：初步探究<br>（1）请将真假猴王出现时的描述勾画出来，完成下面的双气泡图，比较二者的异同，作出初步推断。 | |

| 第一课时 | 教学内容 | 笔记 |
|---|---|---|

提示：请将二者相同之处绘制在两个猴王中间，不同之处绘制在两边。

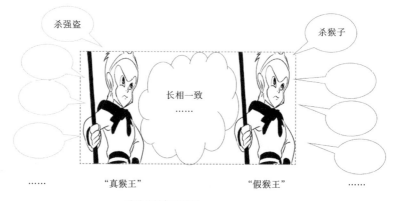

我认为被打死的是＿＿＿＿＿＿

教学过程

预设：根据提取的信息，对学生绘制的气泡图进行整合诠释，言之成理即可。无确定答案，支持学生"争鸣"。

一是二者长相相同，本领相似，独立出现时语言相似，如在第五十七回悟空离开唐僧时的表现（言行）与假猴王在遇见悟空之前与唐僧的冲突中的"贱我"与"负了我心"，还有两句中相同的"无我你去不了西天"等细节，表明两个人对话的基本内容相同，且重心都在一个"我"字，只是态度、做法不同。相遇后，被众人鉴别时的表现完全一致。二是二者心中都存有恶念，将假猴王对待被打死的猴精的态度与第五十六回中孙悟空打死强盗的行为进行对比，可见二者并无本质的不同。由此可得出结论：我认为被打死的是真正的六耳猕猴，但六耳猕猴同时也象征着悟空的另一个自我；我认为被打死的是孙悟空心中凶狂、残忍、邪恶一面的夸张与外化等。

（2）追问：在第五十八回中，如来正为众人讲经，见到两个猴王打过来，他对大众道："汝等俱是一心，且看二心竞斗而来也。"请你结合文本内容，说说这

续表

| 第一课时 | 教学内容 | 笔记 |
|---|---|---|
| 教学过程 | 里的"二心"指什么？它对你刚刚作出的初步结论有哪些补充或修正？<br><br>　预设：对"二心"的理解不同，学生得出的结论便不同。如果认为"二心"指孙悟空的"虚妄之心""邪恶之心""心魔"等，那么由这里的"二心竞斗"就可推断出，假美猴王是孙悟空"心魔"的实体化，那么他打死的就是自己的"心魔"。<br>　如果认为"二心"指这两个长相完全相同的人说话、做事的意图不同，取经的目的不同，学生也能由此推断出被打死的悟空就是"六耳猕猴"。<br>**3. 总结**<br>　根据学生对最后一个问题的讨论，形成辩论的两个观点：<br>（1）被打死的美猴王是孙悟空自己的"心魔"。（正方）<br>（2）被打死的美猴王是真正的六耳猕猴。（反方）引入下节课的自由辩论活动。<br>**4. 作业布置**<br>　从正反双方中选择一个观点，细读文本，从文中寻找证据支撑自己的观点。要求：将自己的探究发现以擅长的形式记录下来，如泡泡图、思维导图、折线图、标尺图、文字结构图等。梳理完成后，于课前张贴在班级的"阅读园地"中。 | |

| 第二课时 | 教学内容 | 笔记 |
|---|---|---|
| 教学目标 | 1. 以自由辩论的形式对文本内容进行整合诠释、分析推理，目的是加深对文本的理解，培养学生的审辩思维能力。<br>2. 通过质疑讨论、品鉴人物形象，挖掘作品主旨。 | |

续表

| 第二课时 | 教学内容 | 笔记 |
|---|---|---|
| 教学<br>重难点 | 1. 重点：① 以自由辩论的形式对文本内容进行整合诠释、分析推理，目的是加深对文本的理解，培养学生的审辩思维能力。② 通过质疑讨论、品鉴人物形象，挖掘作品主旨。<br>2. 难点：对各方论点、论据进行分析和整理，学生需要学会如何判断、选择有效的证据，并对另一方提出有效的辩驳。 | |
| 教学过程 | **1. 导入**<br>    从课前同学们在"阅读园地"张贴的思维导图来看，大家能够细读文本，并且运用了对比阅读的策略，抓住主要的情节和细节进行分析，比我们在之前学程上做得更细致，更有说服力。那到底是正方的观点更有说服力，还是反方的观点更客观呢？这节课，我们首先以自由辩论的形式一探究竟。<br>**2. 自由辩论**<br>    活动规则：<br>（1）将正方、反方分为两大组，留 5 分钟的时间自由交流、准备，各推选出两名代表，在辩论开始后，一名负责完整的观点陈述和主要论据展示，另一名负责整理辩论时本组的主要证据，进行最后的总结论说。<br>（2）双方在陈述观点后，进入 10 分钟自由辩论阶段。为本方添加一条有效证据并分析得有说服力的，加 1 分；能依据文本内容反驳对方一条证据且有说服力的，加 1 分；对证据进行重复阐释的不加分。最终得分高的一组获胜。<br>    在学生辩论过程中，教师可举黄牌暂停，对出现的关键问题进行学法点拨。比如，如何整合证据形成正确的推论，如何运用对比阅读的策略得出结论等。<br>    预设：<br>    结合"真假美猴王"的情节和全书内容，学生可以从抓文中细节和对比阅读的角度搜寻证据，经过整合、分析、推理，得出自己的论断。 | |

| 第二课时 | 教学内容 | 笔记 |
|---|---|---|
| 教学过程 | 以正方观点的推论过程为例，学生可以采用对比阅读的策略，从孙悟空与六耳猕猴的异同，孙悟空在"真假美猴王"情节发生前、后的变化，以及六耳猕猴与其他妖精的不同三个方面进行对比探究：<br>① 孙悟空 VS. 六耳猕猴。<br>② 孙悟空在本情节前后的对比。<br>　　前：两次打杀强盗及三打白骨精，体现出孙悟空狂傲、自我、与佛教道义不相符的恶的一面。<br>　　后：客气，机智应对，在面对强盗时（如打杀寇员外的强盗）不再杀生。<br>③ 六耳猕猴 VS. 其他妖精。<br>　　最大的不同是六耳猕猴和孙悟空相像，是孙悟空由内而外的镜像。<br>　　总结：无论悟空打死的是真正的六耳猕猴还是他自己的"心魔"，他打死的都是他取经和修行的巨大障碍，都是他必须勘破、必须驱除的魔障。从某种程度上说，这个六耳猕猴象征着孙悟空心中恶的一面，象征着他身上的凶狂、我执、虚妄之心……<br><br>**3. 质疑探究**<br>　　如果让你来缩写《西游记》，你会保留"真假美猴王"这一情节吗？为什么？<br>　　预设：会保留。首先，从情节上说，这个故事有巨大的悬念，因而使读者心生疑惑，吸引人不断读下去，寻找真相。同时，它是全书的情节内容的一个转折点，唐僧第三次驱逐悟空，第三次念紧箍咒，从此再没有念过紧箍咒，也没有驱逐过悟空，四人团队凝结一心，共同战胜西天路上的种种磨难。这个情节说明，取经路上最大的磨难其实并非来自外界，而是来自每个人的内心，战胜心魔才能成长和成熟，才能使自己真正坚定和强大起来。<br>　　"心生则种种魔生，心灭则种种魔灭"，只有内心觉悟，才能战胜自己，完善自己；只有修心才能渡己，只有先渡己才能渡人。这揭示了全书的主旨。 | |

| 第二课时 | 教学内容 | 笔记 |
|---|---|---|
| 教学过程 | 其次，这是主要人物孙悟空性格变化的转折点，自此，孙悟空成为了真正的"悟空"，他身上凶残、邪恶、任性妄为的动物性逐渐减弱，悲悯、善、尽心周全的神性逐渐增强。他放下了恶念与"二心"，真正向"佛"性转变，一心一意追随唐僧取经，一心向善。在以后取经的路上，悟空常常这样劝慰唐僧："只要见性真诚，念念回首处，即是灵山。"<br><br>这个情节在缩写时不能删去，因为这是塑造悟空这个人物形象的关键。<br><br>教师引用清西陵残梦道人汪澹漪总结：《西游记》一书，仙佛同源之书也……而仙佛之道，又总不离乎一心，此心果能了悟，则万法归一，亦万法皆空，顾未有悟能、悟净，而先有悟空，所谓成佛作祖，皆在乎此。此全部《西游记》之大旨也。<br><br>**4.作业布置：二选一**<br><br>（1）经典作品中的人物都具有典型性，取经团队中的四个人可能不止活在《西游记》的故事里，也可能就在我们身边，就在我们班里，或者，你自己身上就有某个人物的影子。请将自己和书中的人物进行对比，看看你更像谁，这个故事对你个人的成长有什么启示。请以"我和＿＿＿＿＿＿（填西游人物）共成长"为题，写一篇500字左右的文章，或自拟题目撰写一个剧本，突显名著对你个人成长的影响或意义。<br><br>（2）你认为谁要对"真假美猴王"事件的发生承担最大的责任？请分析唐僧师徒四人的角色，并以此为例，说说你对团队合作的认识和建议。 | |

第六章

# 中学语文审辩阅读与项目式学习

李文玲　李媛

**本章导读**

　　审辩思维的培养主要有两条途径：一条是通过在文本阅读过程中的阅读策略训练来获得审辩思维能力，另一条就是语文课的延展——通过项目式教学模式开展探究和辩论。这一章主要介绍如何在项目式教学中培养学生的审辩和创新能力，并以一堂中学语文课《论语·论孝》的教学为例来解释如何开展项目式教学，帮助学生提高他们的审辩思维和创新能力。

## 为什么审辩阅读教学这么重要？

　　审辩阅读的概念和它在教育中的重要作用已被越来越多的教育工作者所接受，而在教学中，如何将审辩思维的教学理念融入每日教学中，对很多老师来说，这具有很大的挑战性。审辩阅读的教学方法是基于建构主义、认知学习和审辩思维的学习理论。

建构主义理论在教育中有着举足轻重的作用。儿童的学习是一个建构知识的过程，而不是简单地汲取老师给他们讲述的内容（福斯奈特，2006；皮亚杰，1970）。儿童的学习过程与成人的不同，它是通过事件发生的过程，结合自己的经验，不断建构自己的知识结构的过程。因此，在学习的过程中，学生是学习的主体，他们要通过小组讨论、动手活动、亲身体验等来学习概念，理解问题的本质。由于学生缺乏经验，因而老师就要承担更大的责任来指导学生的学习。它的核心是倡导以学生为中心的学习，教师的作用是引导和指导。同时，建构主义学习理论强调儿童创造力的培养。在教学中，教师要给儿童一些具有挑战性的任务，在合作学习的环境下，学生之间可以共享思考的过程。这种集体思考过程会为学习者提供反思的机会，他们会认同合作讨论中"同伴是资源，而不是竞争者"的观念，这样就会提高团队的合作意识，提高学生的学习水平。

认知学习理论强调的是儿童的学习过程，针对儿童每个认知发展阶段采取相应的教学策略。瑞士心理学家皮亚杰提出了认知发展的四个阶段：

**感知运动阶段**。该阶段指从婴儿出生到 2 岁，也被称为前语言阶段，它对思维发展起着至关重要的作用。在这个阶段，孩子会学习空间、时间、因果关系以及意愿；成人要尽可能与孩子多交流、多沟通，在发展孩子感知能力的同时，还要为孩子建立安全感。

**前运算阶段**。该阶段是指儿童 2 岁到 6 岁这一时间段，真正的语言发展正是起始于这个阶段，在这个阶段，儿童学会用词汇标记周围的世界，并通过语言表达自己的感受，学会通过不断的尝试来适应世界，从经验中学习概念，然后进行感性的和直观的判断。儿童往往只能从一个角度去看世界，他们不了解他人的观点。这个阶段的教学，要注重儿童与他人的互动，促进儿童反思，帮助儿童了解他人的想法，放弃以个人为中心的取向。

**具体运算阶段**。该阶段是指学生 7 岁到 11 岁这一时间段，学生在这个阶段发展出了较好的运动技能，他们会通过感知以及个人的经验来预测后果，因此，教学要注重丰富学生的生活经验，如组织看电影、参观等活动，通过个人的参与和体验来学习和了解世界。

**形式运算阶段**。该阶段是指学生 12 岁到 16 岁这一时间段。在这个阶段，学生不再根据具象作出推断，他们可以通过假设、分析推理解决问题。这个阶段的教学就是要培养学生的抽象思维能力，例如，通过逻辑思维的训练（分类、排序，整合、分解等思维活动）来解决问题。学生抽象思维能力的发展是一种呈螺旋式上升的模式。在每个阶段，不同概念学习的抽象程度不一样，这与儿童的年龄发展有关。

在以往阅读教学中，审辩阅读的理念未被重视。自科恩于 2001 年提出了审辩思维在教育中的重要作用，自此以后，审辩阅读的教学理念被越来越多的教师们所接受，而且被不断地发扬光大。审辩思维的核心是由问题激发思考，解决问题的过程就是一个思考的过程。学生理解和解决问题的过程就是思维发展的过程，它不是简单地了解含义，而是深层次的加工，如提取信息、分析推理、整合诠释、反思评价以及创意应用。

在教学中，人们以往会认为学习就是学习内容，你只要记住它、模仿它就可以了，实则不然。如果是死记硬背，那么，你学到的知识就是"死的"知识。学习必须扎根于思维。学习的过程其实是一个培养思维方法的过程，当你学会了一种思维方法，你就会以一种新的思维方式去面对问题、思考问题和解决问题。无论教什么学科，我们首先要将思维培养放在首位。让学生通过教学的策略了解如何确定问题，如何根据条件分析问题，如何通过比较、推理找到解决方案，如何检验假设、提供证据、得出结论……这种思维过程的训练比学习更多的知识更重要。

近十年来教育技术的发展在促进审辩思维能力的培养上起到了重要的作用，线上丰富的信息给学习者提供了评估信息的机会；信息呈现的方式

（图形、声音、视频等）给学习者提供了更多的机会去开展深入的研究；线上交流平台也给学习者提供了方便交流的机会，让学习者学会聆听他人意见，换位思考等。这些都有助于学生审辩思维能力的发展。

# 项目式学习与审辩思维培养

在第一章里我们介绍了审辩思维能力培养的两大途径：一个是通过在文本阅读的过程中训练阅读策略来获得审辩思维能力。阅读的策略包括信息提取、分析推理、整合诠释、反思评价以及创意应用，经过这五步思维训练，学生就会逐渐掌握阅读方法，并能够有意识地将其应用在阅读和写作中。而另一个培养审辩思维能力的途径就是语文课的延展。不论你学习哪一个主题，都可以在该主题的基础上开展项目式教学活动。项目式学习同样会提高学生的审辩和创新思维能力。

项目式学习是一种动态的学习方法——学生们主动探索现实世界的问题，开展系统的研究，在这个过程中获得知识并培养审辩和创新能力。

项目式学习是一种有效的学习方法，可以培养中小学生的审辩思维和创造力、交流与沟通能力、团队合作能力、动手能力、规划和管理能力以及解决问题的能力。这些能力是面向未来挑战的最重要的核心能力。项目式学习会首先设置一个开放式的问题，通过团队的合作完成和解决问题。在这个学习和解决问题的过程中，答案并不是最重要的，它更强调学生们在试图解决问题的过程中发展出来的能力，包括如何明确问题、搜寻相关信息、对项目的计划以及对项目的实施。项目式学习强调小组的学习和讨论，学生们在这个小组中有各自的角色，而这个角色会不断轮换。在项目式学习中，学生们的学习是通过自己的思考和推理实现的。我们将项目式学习分为四个步骤：问题提出、论证研究、思维碰撞、思维分享，见

图 6-1。简而言之，首先确定问题、开展研究、收集资料，通过小组讨论、头脑风暴来厘清信息、整合诠释，最后以分享作品的形式进行展示并说明各自的思维过程。老师的角色是支持、建议和指导，以帮助学生们更好地学习。老师需要鼓励学生增强自信，并且在必要时深化他们对问题的理解。

**图 6-1　项目式学习的四个步骤**

## 一、问题提出

通过对文本的阅读，以及对问题的讨论，教师会就一个问题展开并引导学生对该问题进行深入的探究。问什么样的问题，如何有效地提出问题往往是老师的困惑。"6W 方法"（what，who，why，where，when，how）可以帮助我们想一想哪些问题是有意义的。一般来说，在审辩阅读过程提出的众多问题中，反思评价和创意应用的问题会有一定的深度，它不是一个对或错就可以回答的，它往往会引导学生结合实际生活实践，开展深入的研究。只有这样的问题才值得将其设计为一个项目式教学活动。

有了问题之后，学生还要确定问题，了解问题的背景以及解决该问题的方法，这样才便于开展下一步的论证研究。

## 二、论证研究

论证研究主要指学生要通过对问题的深层次研究，提出论点和论据的过程。根据问题的不同，论证研究会有两种形式：一种是探究类问题，例如，城市的鸟为什么越来越少了？学生需要去探究鸟减少的原因；另一种是辩论类问题，它的答案可能有两个或两个以上，学生要对几个答案进行深入的研究和比较，并且提出自己的观点和证据，同时还要反驳对方的论点和论据。

论证研究，首先是根据问题提出假设，确定所要搜寻的信息。要在搜索信息阶段使用搜索策略，如使用关键字，同时要确定在哪里及如何搜寻；在搜索了大量的信息后，需要对其加以比较和分析，确定信息的可信度和有效性，并确定信息的来源及出处；将得到的信息进行有效的整合，并制订初步方案。培养研究技能是训练审辩思维能力的重要手段，培养研究技能主要有以下五个方面：

（1）对搜寻信息的有效性进行评估。

技能：根据信息的准确性和有效性，对信息的适当性、重要性等方面进行评估。

挑战：大多数学生不会花时间来评估他们搜寻资料的准确性和有效性。

解决方案：在课堂上，讨论评估的标准为：时间、信息是否是最新的？范围、信息是否有深度？权限、信息是否来自受信任的专家？在研究项目期间，鼓励学生评估他们的信息来源。

（2）提出有效的问题。

技能：通过提问，对问题的原因、过程、影响因素等进行深入探究。

挑战：在搜索信息的过程中，如何使用关键字来找到有效信息至关重要，如果你对问题有过思考，那么你就会使用一些更具体的文字，也会更好地锁定你要搜寻的信息。

解决方案：给小组 3 个搜索词，它们从一般到具体，如"国家公园""黄山"和"黄山历史文化"。要求小组记录使用不同关键词返回的结果。讨论具体的关键词是如何将他们的搜索范围缩小到所需结果的。接下来，要求小组为列表中最具体的关键词提出 3 个备用关键词。通过比较结果并讨论，明确更改关键词是如何影响搜寻结果的。

（3）不断深入。

技能：通过不断地挖掘相关信息，开阔视野，提高思维能力。

挑战：研究表明，在使用搜索引擎时，学生通常会关注他们认为最可信的第一个搜索结果。

解决方案：邀请学生为他们正在研究的内容创建事实树。最初的问题是树的根部，例如，"银河系中有多少颗行星？"然后，让学生在树枝上写下事实来回答问题，例如，"科学家不知道确切的数字""可能有数十亿"。每个事实都必须附上有据可查的来源。鼓励学生至少找 10 个信息源来完成他们的事实树。

（4）耐心。

技能：尽管面临挑战，但仍要学会坚持不懈地努力。

挑战：学生们习惯于快速找到所需的信息。因此，当遇到困难或没有在短时间内找到问题的答案时，他们可能会感到沮丧并趋于放弃。

解决方案：给学生讨论小组提一个很难找到答案的问题。例如，"谁是饰演詹姆斯·邦德的最佳男演员？""哪个乐队更好？"鼓励小组使用各种渠道的资源来回答问题，包括他人所说的话，票房收入和奖项等。根据哪个小组提出的案例最有说服力来确定获胜者。

（5）尊重所有权。

技巧：尊重创作者和制作人的知识产权。

挑战：年轻人越来越不认为抄袭或者盗版是严重的偷窃行为。很多学生写作业、写论文都有或多或少的抄袭行为。

解决方案：可以给学生一些讨论的问题，例如，"如果有人下载了你制作的音乐、电影或书籍而没有付款，你会有什么样的感觉？""如果你在公司工作，却没有拿到工资，你会有什么样的感觉？"它们有什么相似之处？有什么不同之处？

## 三、思维碰撞

思维碰撞也称"大脑风暴"。它是合作学习的一种主要的学习方式。心理学家皮亚杰曾经提出，知识是在社会交往中获得的。学习者在与他人交流的过程中吸收新的信息，将其与已习得的知识进行对比，发现认知中的冲突之处，从而重新建构自己原有的知识体系，实现认知的平衡。维果茨基曾说过："与他人交流的一个好处是使低水平的学习者可以在更有能力的人的帮助下完成无法独自解决的问题。"在课堂上，老师的角色就是提供这样的帮助，让学生在自己的学习能力范围内学习知识和技能，但是研究发现，同学之间也可以通过彼此交流促进双方的认知发展。例如，学习能力偏低的学生可以在一个学习能力强的同伴的帮助下完成复杂的任务。在与同伴交流的过程中，互动的双方可以在遇到困难时得到及时的帮助，但是在教师主导的课堂教学中，学生是否能够得到应有的帮助取决于老师是否意识到了学生的认知困难。当班级人数较多，而老师又有完成教学任务的压力时，老师往往无法关注到每一个学生的需求。

可以通过六项思维帽的方式来开展合作讨论，其中要有一名学生是组长，控制讨论的程序和掌握时间，另一名学生负责进行记录，见表6-1。

表6-1　六顶思维帽

| | | | |
|---|---|---|---|
| 1. 白帽 | | 陈述事实。我们现在有什么信息？还缺什么信息？ | 每个同学贡献自己收集到的信息，将我们所知道的信息整理出来，并用表格或图表表示 |
| 2. 红帽 | | 情绪和直觉。只需要表达当时的感觉，不需要解释 | 按照我们个人的直觉，列出所有想法，越多越好，不需要担心奇特和怪异，鼓励新的想法 |
| 3. 黄帽 | | 积极的方面。为什么值得做？有什么效益？为什么会成功？ | 对于所有的想法，评价其优点、优势、可行性等 |
| 4. 黑帽 | | 消极的方面。有什么弱点？有什么坏处？ | 分析其缺点、弱势及操作障碍等 |
| 5. 绿帽 | | 创造性及建议。有什么解决办法和行动途径？有什么合理的解释？ | 根据以上的评估，提出一或两个最佳方案（根据现有的数据以及理想设计，体现创造性） |
| 6. 蓝帽 | | 过程控制。总结、结论和决策 | 以上方案要有依据，通过总结，作出最后的决定 |

　　开放式参与和讨论是两大主要特点，与教师主导的传统授课法相比，学生可以自己控制讨论进程，自由地参与到讨论中来。任何人都可以公开表达自己的观点，并且寻找相关的证据来支持自己的论点。在讨论中，学生学习使用不同的辩论技巧，利用自己的生活经历、已有知识以及阅读材料中的事实、观点来支持自己的论述。

　　合作学习是一种以学生为中心的教学方法，教师在这一过程中仍然发挥着重要作用。教师并不是知识的传播者，而是讨论的促进者。教师的主要任务是激励学生进行深层次的思考和推理，以及保证讨论的顺利进行。在讨论中，教师常用的干预手段包括以下七个方面：

- 让学生给出论点、论据和理由，要求他们清晰地阐述自己的观点；
- 示范如何论证、如何为自己的论点进行辩护，以及如何反驳他人的论点，培养学生的表达能力；
- 鼓励学生自由地表达自己的观点，并且在尊重他人的基础上提出不同的观点；
- 给予学生足够的自由，决定说什么以及什么时候说；
- 提出学生未涉及的话题，或者在学生"一边倒"地支持某一种论点时提出相反的意见，以促进学生的全面思考；
- 总结学生讨论中涉及的内容以及论点的发展情况，以便小组成员在相同的理解层面上进行讨论；
- 老师应当给学生更多的空间来决定要讨论的话题、发言的顺序、要学习的内容以及对文章的解读，而学生则要意识到自己有责任管理讨论的进程以及在讨论中清晰地表达自己的观点。

## 四、思维分享

　　根据自己的解决方案，每位同学或每个小组要讨论如何将个人或小组的方案呈现给全班同学。根据问题和内容的要求，可以将思维分享分为几种情况：作品展示、讲解、演讲、表演和辩论。对于作品展示、讲解或演讲，如果是小组汇报，每个同学要分工合作，有人做图片设计，有人准备文字，有人负责宣讲……可以采用不同的方式将整个研究的过程及解决方案呈现给大家，例如，将自己的研究用 PPT 打印在展示板上；为自己设计的路线、工具等画出路线图或图纸；如果是产品，可以做一个简单的模型或动画；写一个小剧本或制作一个故事绘本等。将每位同学或每个小组的作品与全班同学进行分享，并解释设计的理念和过程；如果是表演，每个同学要有角色分配、剧本 / 台词设计，通过表演展示其作品。在这里我们具体介绍了辩论的类型和方法。

（一）辩论

辩论指彼此用一定的证据来阐述自己对事物或问题的看法，反驳对方的观点，以便最后得到共同的认识和意见；辩论是培养人的审辩思维能力的重要手段。辩论有不同类型，但是，所有辩论形式都具有共性：

- 有最基本的价值观、道德观，这是辩论的基础。一般来说，首发的发言人都会明确地提出自己的主张；
- 有赞成和反对两个团队，我们称之为正方和反方；
- 每一方都要有证据来证明其观点；
- 辩论的结论是总结双方的观点。

在课堂教学中，教师可以根据教学的内容以及课时来安排辩论。一般来说，辩论可以简单地将学生分为两组，一组代表正方，另一组代表反方，每组作好准备后，选一名学生到台前发言，其他学生可以补充，老师作为"检察官"及"记者"进行提问，或者多组同时开展。后面一种的好处是每个人都可以参与，而且不用花大量的时间去听所有学生的辩论。对那些胆怯、内向的学生来说，这也有利于他们的参与。不利的是，需要找到足够大的场地才能允许多组学生同时进行辩论。

　　较为复杂的辩论可以由四组学生完成。两人代表正方，两人代表反方，可以称他们为辩论组 A 和辩论组 B。另外两组是 C 和 D，C 是检察官，D 是记者或者提问者。然后互换角色，C 和 D 作为辩论组，A 和 B 作为检察官、记者或提问者。如果有 6 名学生，我们可以把他们分为三组，将 A 和 B 作为辩论组，C 作为检察官兼提问者，之后同样可以互换角色。

　　记者 / 提问者的任务是介绍所有的参与者，然后提问，记者可以代表政府或消费者等不同角色来提问题，同时还要控制发言的时间。检察官要对辩论方的论据、反驳等作出评价，同时要分别对双方的辩论作总结。

　　辩论的时间要控制在一节课的时间内，角色互换也要在该时间段内完成，见表 6-2。

表 6-2　辩论流程

| 发言者 | 时间 |
| --- | --- |
| 正方第一辩手 | 2 分钟 |
| 反方第一辩手 | 2 分钟 |
| 正方第二辩手 | 2 分钟 |
| 反方第二辩手 | 2 分钟 |
| 休息 | 2 分钟 |
| 反方总结和反驳 | 2 分钟 |
| 正方总结和反驳 | 2 分钟 |
| 记者提问 | 2 分钟 |
| 检察官总结 | 2 分钟 |

　　首先要给学生们介绍辩论的一些基本词汇，如解决方案、命题、论点、论据、反驳等，辩论一般要有辩论的双方——正方和反方。

　　其次要让学生们了解为什么辩论，例如，在法庭之上或者是某个学校领导会议上，通过辩论，双方对某个问题会更为了解，并有助于双方提出最优的解决方案。辩论可以培养学生的审辩思维能力及解释观点的能力。

需要辩论的题目通常会有支持和反对两种声音，例如，它永远是最好的吗？女人比男人更好吗？有比美丽更重要的事物吗？学生们要能够提出两种看法的原因和证据，当然，首先要先了解两种看法的区别。正方一般是提出某种变化或支持某种观点，而反方则是反对正方的观点，因此会发生冲突，辩论由此而展开。

形式是可以变化的，每个队伍人员的多少、每个角色的作用、每个人发言的时间等都可以根据情况而作出调整。我们在这里只是给大家介绍一种比较典型的座位布置，见图6-2。

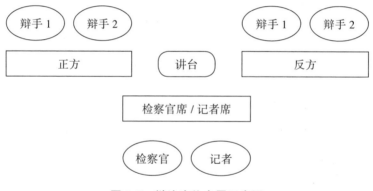

**图6-2　辩论座位布置示意图**

## （二）辩论方法

可以采取不同的辩论方式，可以以班为单位，将同学分为正、反方两个队伍，各自选出队伍代表展开辩论。考虑到每个学生的参与度，也可以采取小组之间的辩论，或者小组内的辩论方式。此外，教师可以根据各校、各班的情况加以调整。同时，可以设计一些小教具，如不同颜色的面具、小旗子等来代表不同的队伍或角色。

我们以小组之间的辩论为例。

组内抽签：数字 1~6 分别代表以下几种角色：

1~2 代表正方：任务是证明自己的观点；

3~4 代表反方：任务是证明自己的观点；

5 代表检察官：检查证据可信否、有效否（是否能证明论点）；

6 代表记者：提出问题。

组内抽签结束后，将小组一与小组二组合成一个辩论团队：

小组一（1、2 号选手）与小组二（3、4 号选手）辩论；

小组一（5）做检察官；

小组二（6）做记者；

其他辩论团队以此类推。

6 人小组辩论程序：

小组辩论：

记者负责：

- 提问；

- 倾听正反方及检察官的发言；

- 总结他们的发言：

"总的来说，地铁涨价会引起……而地铁不涨价会……"；

- 提出新的角度、解决方法：

"如果代表运营方，我希望……"

"如果代表乘客，我担心……"

"有没有使运营方和乘客都满意的方法？"

正方与反方：利用证据进行辩论。每组选出一人辩论，另一人记录，必要时提供帮助。要学会表达和倾听：

"我认为……因为……"

"你觉得呢？"

"我同意你说的这一点……因为……"

"我不同意你说的这一点……因为……"

角色互换：

需要在组与组之间互换角色，同时也要变换每个学生的角色，例如：1变6，2变3，3变5，4变1，5变2，6变4。按照以上步骤再辩论一次。

在审辩思维的教学过程中，辩论不失为一个有效的训练审辩思维的方法。我们以学生的辩论为例。辩论能力不是与生俱来的，辩论的技巧是可以通过审辩思维的训练不断提高的。低年级或者生疏的辩手可能更注重辩论的形式，比如，双方要轮流阐述自己的观点，他们会想更多地说明自己的看法，而忽略对方的论点及论据，目标是在辩论中占据上风。相比之下，高年级或者熟练的辩手会关注对方的论点及论据，发现对方的弱点，找到有效的反驳论据，获得辩论的优势。生疏的辩手和熟练的辩手之间的另一个区别是辩论策略使用的灵活性和适应性，熟练辩手往往能够根据不同的情境调整自己的辩论策略。如何提高学生的辩论能力呢？辩论能力的培养主要有两条途径：一条是提高辩论者的语言表达能力，另一条是加深对辩论目标的理解。这两种发展形式相互促进。后者更加强调审辩思维能力。学生要了解辩论题目、正方及反方的论点和论据；同时要培养研究技能，找到充分的论据来支持自己的观点；学会从对方的角度分析对方的立场、找到对方的弱点，进而准备好自己的辩论。提高学生的审辩思维能力，就要通过有效的搜索信息，分析推理，整合诠释，反思评价及创意应用等阅读策略，不断创造机会提升学生的推理和研究能力。学生们需要经常练习，这些技能才能实践、提高、巩固和完善。同时，还要帮助学生反思他们通过每次的练习都获得了什么，是如何获得的，反思能提高学生的元认知能力。

总之，辩论可以有效地提升学生的审辩思维能力。辩论的方式多种多样，既可以是大型的、长时间的辩论会，也可以是随堂的、短时间的小辩论。

下面，让我们跟随一位中学老师，走进她的语文课堂，观摩她是如何在语文课上开展审辩阅读教学的。

# 审辩阅读思维在《论语·论孝》教学中的实施与应用

## 一、学情介绍

　　2018 年北京高考将儒家文化经典著作《论语》纳入经典阅读考查范围。"孝"是中华民族传统美德的重要组成部分，虽然学生在初中阶段研读了《论语》前四章的内容，重点学习了《论语》中"孝"的相关知识，但学生只是简单掌握了最基础的篇语句翻译与理解，缺乏对"孝"内涵的解读。因此选择《论语·论孝》为教学内容，自主整合材料、编辑学案，从文本解读入手，引导学生对儒家思想的精髓"孝"进行更深入、系统的认识。因为文本距离学生生活的年代较远，学生对一些观点的认识存在很大的差异，因此，教学设计的过程引入了审辩阅读教学的方式，引导学生从文本解读入手，大胆质疑，提出自己的见解，引导学生对儒家思想精髓"孝"进行更深入、系统的认识。

## 二、学习内容分析

　　本节课选取了《论语》有关"孝"的内容，从文本解读入手，不再像以往传统的教学模式那样，以老师的讲解为主，停留在学生学了什么，记住了什么上，而是让学生结合生活实际和生活体验进行思考，通过审慎的思考，提出自己的质疑，更多地重视学生在学习的过程中关注了什么，思考了什么，体会到了什么，从而理解并正确认识孔子"孝"的内涵，并感悟孔子"孝"思想的文化价值和现实生命力。

## 三、教学实施

| 第一课时 | 教学内容 | 笔记 |
|---|---|---|
| 教学目标 | 1.理解并正确认识孔子"孝"思想的内涵。<br>2.感悟孔子"孝"思想的文化价值和现实生命力。 | |
| 教学<br>重难点 | 1.重点：理解并正确认识孔子"孝"思想的内涵。<br>2.难点：感悟孔子"孝"思想的文化价值和现实生命力。 | |
| 课前准备 | 　　上节课我们一起完成了《论语·论孝》学案的基础部分，同学们在课后提出了自己的疑问、不解、质疑，我们先来看一下同学们的问题。（PPT 出示）<br>1.孟武伯问孝，为什么孔子的回答是父母对子女的关心？<br>2.无改于父之道，"父之道"是什么？<br>3.在对错面前人人平等，劝谏要坚持自己的观点。<br>4.创新型人才敢于质疑权威，并不代表他不孝（鲍墨一）；不纠正，对自己对父母都是不负责任的。<br>5.对于父母而言，如果事事隐瞒子女，只会让他们担忧自己的状况，这反而是不公平的。<br>6.父母只担心孩子的身体，却不帮助其树立志向吗？<br>7.父母在也可以远游。<br>8.让父母先吃不一定是孝，但不让父母先吃，一定不是孝。<br>9.先把美食佳肴给年长的人吃，为什么不算孝呢？这不就是尊老敬老吗？<br>10.在孔子的年代，通信不发达，一别也许就是永远，因此不远行是对父母的孝。而今时今日，条件已经很优越了，为了更好的生活，我们可以远行，但应多看望父母，或带上父母一起远行，以免他们担忧。<br>11.在向父母提出错误后，为什么对方不领会，我们却还要恭敬？<br>12.依规定的礼节侍奉父母，是否只是名义上的孝顺？孝只是依据礼节吗？<br>13.为什么要在父亲在的时候看他的志向？这和此人的为人有什么必要的联系吗？父亲在不在和此人的孝 | |

| 第一课时 | 教学内容 | 笔记 |
|---|---|---|
| 课前准备 | 道有什么联系吗？<br>14."三年无改于父之道。"这是糟粕吗？<br>15. 孝是完全听命于父母吗？孝仅仅是孝顺的含义吗？孝仅仅是面向父母吗？<br>16. 仁是什么？<br>17. 为什么父子的回答不同？<br>18. 饲养犬马和养父母能比吗？这么比就不对。 | |
| 教学过程 | **1. 导入**<br>　　同学们已经预习了学案，对《论语》中有关孝的表述存在一些疑问，也提出了一些质疑，总结来看，学生的问题主要集中于：为什么四个人问孝，孔子的答案是不一样的？孝的内涵到底是什么呢？<br>（1）文本解读。<br>　　孟懿子问孝，子曰："无违。"樊迟御，子告之曰："孟孙问孝于我，我对曰无违。"樊迟曰："何谓也。"子曰："生，事之以礼；死，葬之以礼，祭之以礼。"<br>　　设置问题："无违"什么？"礼"是什么？孔子为什么这样回答孟懿子？<br>　　解读：孟懿子问孝，孔子答之曰："无违。"孟懿子是贵族，手握鲁国重权。对贵族而言，不存在缺衣少食的问题；对贵族而言，孝也是忠，做子女的不能有非分之想，做臣子的不能有觊觎之心，在家行孝，在朝廷为忠；要尽力做到"君君、臣臣、父父、子子"。孟懿子问孝，孔子为何强调"无违"？鲁国掌权的三家大夫有时行诸侯之礼，有时行天子之礼，这种行为史称"僭"，"孔子这几句答语，或是针对这一现象发出的"。在孔子看来，一个手握重权的贵族，首先要把自己塑造成在家"无违"的孝子，从"无违"的角度适宜地处理好父子之间的关系，然后才有可能形成君臣之间的适宜关系，为君尽忠，为国尽忠。 | |

续表

| 第一课时 | 教学内容 | 笔记 |
| --- | --- | --- |
| 教学过程 | 孟武伯问孝。子曰："父母唯其疾之忧。" | |

孟武伯问孝。子曰："父母唯其疾之忧。"

设置问题："其"字指的是谁？孔子认为什么是孝？

补充资料：身体发肤，受之父母，不敢毁伤，孝之始也。立身行道，扬名于后世，以显父母，孝之终也。

解读：在春秋时代，周天子实行嫡长子继承制，其余庶子则分封为诸侯，诸侯以下也是如此。整个社会从天子、诸侯到大夫这样一种政治结构，其基础是封建的宗法血缘关系，而"孝悌说"正反映了当时宗法制社会的道德要求。春秋末年，社会动荡不安，臣弑君，子弑父的犯上作乱之事时有发生，为了维护宗法家族制度，孔子特别强调"孝"。（PPT出示）

孝顺父母、友爱兄弟、知孝悌之礼的人，必然懂得上下、长幼之差别，知道对序列秩序的维护不会违背伦常之理。通过"亲亲之情"，实现父慈子孝、兄友弟恭、君惠臣忠，以实现人伦的和谐与人格的和谐。正所谓"半部《论语》治天下"，《论语》这本书的出发点在于一个"治"字，哪怕是退而教书，孔子也依然满怀入仕的热忱。

子游问孝。子曰："今之孝者，是谓能养，至于犬马，皆能有养，不敬，何以别乎？"

子夏问孝，子曰："色难，有事，弟子服其劳，有酒食，先生馔，曾是以为孝乎？"

明确养是孝的基础。孝首先是对父母物质生活的保障，要赡养父母；但是仅仅做到赡养是不够的，在父母面前始终保持愉悦的脸色，这需要我们用真挚的感情对待父母，以恭敬的态度奉养父母。

（2）"孝"的内涵。

为什么孔子对四人的回答不一样？孝是一个广泛的概念，孔子对"孝"也从未下过全面的定义。孔子坚持因材施教的原则，问者不同，回答就不同，子夏和子游生活在社会下层，日常生活相对艰难，就简单地认为"孝"就是"养"，就是对父母的物质供养。

续表

| 第一课时 | 教学内容 | 笔记 |
|---|---|---|
| 教学过程 | 针对这样的片面认识，孔子强调了敬养之态度的重要性。对于孔门之外的人，特别是社会上层的人物，如孟懿子和孟武伯，孔子则针对他们个人孝行中出现的问题，给出了具有批评性的指导意见。<br><br>当前社会，如何赡养老人成为大家关注的问题，以尽力的物质赡养让老人衣食无忧，以亲情抚慰老人的心灵，满足老人精神赡养的迫切需求，在整个社会上形成对老人的孝养、敬养风气是确立良好社会公德的关键。促使孝道思想观念回归，既是人性的需要，也是社会发展的需要，具有非常重要的现实意义。故从《论语》来看，"孝"是"仁"的基础和原点，"仁"则是在"孝"的基础上对其内涵的扩大和深化。<br><br>（3）孝之质疑。<br>同学们在预习过程中产生了一些质疑，如认为孔子的思想是愚孝，我们一起来探讨一下。<br>① 子曰："事父母几谏，见志不从，又敬不违，劳而不怨。"<br>孝就是对父母一味的顺从吗？在孔子眼中，孝和顺是一样的吗？孔子的孝除了顺，更多强调敬。敬为敬爱、敬仰之意，乃由内而外的情感抒发。"如果他们有不对的地方要轻微婉转地劝止，看到自己的心意没有被听从，仍然恭敬地不触犯他们，虽然忧愁，但不怨恨。"<br>② 子曰："父在，观其志；父没，观其行；三年无改于父之道，可谓孝矣。"<br>父母在世之日，作为子女，行为自然受父母的督察约束，要了解其为人，则需要察其内心；父母过世之后，子女继之成为一家之主，能够遂其内心而自作主张，则观察其行动，即可知其为人。这时，该如何评价其是否为孝子呢？孔子认为，应该"三年无改于父之道"，坚持父母的处事原则，承续父母的志向，继承父母的事业，只有这样，才能算是一个合格的孝子，也才与礼相合。父母好的品质，要继承下来。在 | |

续表

| 第一课时 | 教学内容 | 笔记 |
|---|---|---|
| 教学过程 | 孔子看来，子承父志，不改父道，体现了对父母的敬爱与感激之情。<br><br>明确孝要与敬联系在一起，行孝要敬。<br>③子曰："父母在，不远游，游必有方。"<br><br>大丈夫志在四方，因为父母的牵绊而不去施展自己的抱负，这样可取吗？这更多的是让父母安心，让父母能常常联系到自己，不要很长时间联系不上。<br><br>总结：针对不同的人、不同的情况，孔子对"孝"作出了不同的解答，可见孔子对"孝"的定义不是刻板的、教条的，而是灵活的、人性的。<br>④孝之意义。<br><br>阅读下面几则经典，说说"孝"在中国古代社会的意义是什么。<br><br>子曰："其为人也孝弟，而好犯上者，鲜矣；不好犯上，而好作乱者，未之有也。君子务本，本立而道生。孝弟也者，其为仁之本与！"<br><br>明确一点：儒家讲孝不是一种狭隘的道德。"孝悌"是仁之本，实践孝道，一是对个人道德修养的提升，二是可以教化人民，使民德趋于淳厚，人与人之间的关系和谐发展，从而维护社会稳定，这才是我们追求的理想境界。<br><br>**2. 拓展延伸**<br><br>前不久，朋友圈有一个故事，和同学们分享一下。有一个年轻人，发了一条朋友圈，内容是："祝远方的姥爷生日快乐！"好友纷纷点赞，纷纷夸赞他孝顺。突然有一个人在下面留言，问了一句话，大家热闹的回复就停止了。留言问："你姥爷会上微信吗？"那个年轻人等了很久回了一句："不会。"对于这个故事，同学们怎么看？<br><br>我们有孝心，但这更多的是让老人安心，感受到温暖。现代社会不仅仅是物质上的孝，更多的需要精神上的慰藉。<br><br>现在请给自己的父母写一封信，表达自己对父母 | |

| 第一课时 | 教学内容 | 笔记 |
|---|---|---|
| 教学过程 | 无私付出的感谢。<br><br>**3. 总结**<br>　　鲍鹏山在《我们为什么要读诸子》中写道："它可以让我们更好地理解自己，更好地认识我们自己的时代，认清自己的方向，认清我们在历史上的位置和历史责任……<br>　　历史是一个无形的存在，它让我们的行动有所收敛，让我们不仅要过一个潇洒的人生，还要过一个有尊严的人生，经得起考验的人生，经得起推敲的人生。这就在很大程度上阻止了我们的道德堕落。" | |
| 教学分析与讨论 | 　　本堂课的教学内容是《孔子·论孝》，结合学案，梳理孔子"论孝"的内涵及现实意义。上一节课学生已经完成了《论语·论孝》学案的基础阅读部分，通过审辩阅读的策略，对文章进行了深入的分析推理、整合诠释以及反思评价，同学们在课后提出了自己的疑问、不解、质疑。学生都能进行积极思考，但由于学生对于文本的理解仅仅局限于字面，无法体会到孔子更深层次的内涵，本节课的教学目标在于围绕学生的问题，结合学生生活展开进一步探讨，理解并正确认识孔子"孝"思想的内涵，并感悟孔子"孝"思想的文化价值和现实生命力。本节课的教学设计主要涉及四个环节，第一是明确问题，将学生的问题进行了分类，分为三类，同时概括出孝的内涵的三个方面，一是孝与养，二是孝与敬，三是孝与仁；第二是论证研究，针对以上问题，每位学生各自搜寻资料，收集证据并提出自己的观点；第三是思维碰撞，学生四人为一小组，从三类问题中自选一类，开展交流讨论、大脑风暴。在学生讨论的同时，老师就关键问题给予学生指导和分析；第四是思维分享，在明确孝的内涵后，让学生想一想孔子论孝，孝的现实意义：不犯上、不作乱、博爱、和谐共生。同时要求同学联系现实，品价值，以现实生活中的故事为例，再度明确现代社会的孝心更多的是让老人安心，感受到温暖。现代社 | |

续表

| 第一课时 | 教学内容 | 笔记 |
| --- | --- | --- |
| 教学分析与讨论 | 会不仅需要物质上的孝，更需要精神上的慰藉。这个环节是情感分享，请同学们给自己的父母写一封信，表达自己对父母无私付出的感谢之情。<br>　　经过这一堂课深入的探究和讨论，以及结合自己的生活经验，学生能够明确孝的内涵，更为清晰地了解孝与养、孝与敬、孝与仁的关系。学生的参与度非常高，通过审辩阅读的教学以及主题内容的延展，学生不仅学习了《论语·论孝》，还从更深的层次理解了中国的传统文化中"孝"字的内涵。 | |

第七章

# 审辩阅读与写作能力测评

李文玲　严婷婷

**本章导读**

　　本章解释了审辩阅读及阅读能力的概念界定和理论框架，介绍了国际常见的阅读能力测评，并阐述了如何设计阅读与写作能力测评，最后介绍了小学和中学不同形式的阅读与写作测评。

## 阅读能力测评介绍

### 一、阅读及审辩阅读

　　究竟什么是阅读呢？

　　随着信息化时代的发展，培养适应未来社会发展的人才的目标对教育提出了新的要求。世界各国教育者和政策制定者纷纷思考参与国际竞争与迎接未来挑战的人才应该具备怎样的素养。培养学习者的核心素养也越来越被提到知识与能力的培养层面上。

国际组织以及发达国家重视人才培养并率先开展了人才核心素养探究，联合国教科文组织在 2002 年提出了"素养十年"，主要将"学会求知、学会做事、学会共处、学会自处和学会改变"视为个人终身学习的关键要素；经济合作与发展组织（Organization for Economic Co-operation and Development，简称 OECD）于 2005 年发布的"素养的界定与选择"跨国研究架构了"能动地使用工具沟通、能在不同社群中进行互动以及能自律自主地行动"的核心素养体系；欧盟也在 2005 年提出了"终身学习核心素养"的"欧洲参考框架"，此后各国也参考国际诠释，基于本国教育发展境况，开展了关于素养的研究。

基于已有研究和文件，我们总体上可以将核心素养理解为适应社会发展所需的知识、技能和情感态度的总和。其中，不论是以获得知识、技能为目标的自我实现、发挥知识技能还是反映态度、社群沟通互动，阅读都是实现它们的重要途径之一。阅读是一个人理解外部世界变化的重要方式，良好的阅读素养被视为学生未来学业发展成就的重要影响因素。相关研究表明，阅读素养是学生学习其他学科素养的基础。因此，阅读素养成为学生面向未来的核心能力，培养学生的阅读素养是 21 世纪人才核心素养的关键。

阅读素养的概念更加广泛，而阅读能力更加强调读者通过与书面文本进行互动，从而获取信息，结合自身已有的知识经验和生活经验，对文本所传达的知识、情感和态度进行理解和体验，进而建构出新的意义，并将其应用于解决实际问题的能力。在这里，阅读能力是指审辩阅读的能力。它是一个更深入、更复杂的与文本的互动过程。审辩阅读是更注重信息提取、分析推理、整合诠释、反思评价和创意应用的过程。

## 二、国际流行的三项阅读能力测评

国际阅读素养促进研究（Progress in International Reading Literacy Study，简称 PIRLS）于 2001 年启动（Mulis et al.，2009），它第一次提出了阅读素养（Reading literacy）的概念。该研究将阅读定义为"理解和运用那些

社会需要的或个人认为有价值的书面语言的能力"。2006 年 PIRLS 对阅读目的进行了扩展，并沿用至今，在上述概念的基础上增加了"儿童可从阅读文本中建构意义。他们以阅读为手段学会学习，参与校内外的读书社团活动，享受阅读的乐趣"的内容。

国际学生测评项目（Programme for International Student Assessment，简称 PISA）是经济合作与发展组织（The Organization for Economic Co-operation and Development，简称 OECD）于 1997 年发起的为 OECD 成员国协作监控教育成效的评价项目（王蕾，2009）。PISA 认为阅读能力是"为了实现个人目标，发展个人的知识和潜能，有效地参与社会生活而对阅读材料（或文本）进行理解、运用和反思的能力"。

美国国家教育进展评价（National Assessment of Educational Progress，简称 NAEP）是美国国内一项长期、连续的中小学生学业成绩评价体系，它的建立旨在向美国公众报告学生不同学科的教育进展状况。NAEP 阅读能力的发展分为两个阶段。在 2007 年，该项目指出，阅读能力是"理解和运用书面文本愉悦身心，进行学习，参与社会和实现个人发展目标"。2009 年修订的概念趋近于 PIRLS 和 PISA，将阅读看作积极复杂的过程，包括理解书面文本、发展和阐释意义、应用意义满足特定目的和语境的需求（NAGB，2007，2013）不同的国际阅读能力测评项目对比的详细情况见表 7-1。

表 7-1　国际阅读能力测评项目一览表

| 项目 | PIRLS<br>（国际阅读素养促进研究） | PISA<br>（国际学生测评项目） | NAEP<br>（美国国家教育进展评价） |
|---|---|---|---|
| 评价目的 | 既关注阅读素养成绩，也关注家庭和学校阅读学习的背景 | 关注即将离开中学的学生，在广泛的连续或不连续的阅读材料的基础上建构、扩展并反思阅读材料的能力（如何为生活作准备） | 旨在向美国公众报告学生不同学科的教育进展状况，全面深刻地检测美国中小学生实际的阅读能力 |

续表

| 项目 | PIRLS<br>（国际阅读素养促进研究） | PISA<br>（国际学生测评项目） | NAEP<br>（美国国家教育进展评价） |
|---|---|---|---|
| 评价对象 | 9岁左右，四年级学生 | 义务教育15岁在校学生 | 至少每隔2年对四年级、八年级学生进行一次全国评价和州评价；须定期对十二年级学生进行全国评价 |
| 评价方法 | 阅读测试和调查问卷 | 将试卷与问卷相结合 | 试卷测试 |
| 阅读情境 | 为文学体验而阅读<br>为获取和使用信息而阅读 | 个人目的阅读<br>公共目的阅读<br>工作目的阅读<br>教育目的阅读 | 为获取文学体验而阅读<br>为获取信息而阅读<br>为完成任务而阅读 |
| 阅读能力分解 | 关注并提取明确陈述的信息，进行直接推理解释并整合观点和信息，检视并评价内容、语言和文本成分 | 获取信息<br>形成解释<br>反思和评价 | 整体认知<br>形成解释<br>联系自身<br>作出评价 |

国际上流行的这三项阅读能力测评均突出了阅读对学生个体发展的评估，越来越强调阅读不仅仅是为了理解文本，还希望阅读成为学生生活、学习的一部分，学生能够从阅读中体验乐趣，并运用阅读所得的信息解决现实问题。从阅读能力测评使用的工具来看，首先，对于"阅读能力"有较为清晰、准确的概念界定，对阅读能力的维度划分明确，维度之间相互独立，具有明显的层级关系；其次，依据不同的阅读目的或情景展开测评内容，并设定适宜目的的文本类型；测评篇章和题型的安排比例较为合理，涉及的题型和主题兼具多样性和特异性。

## 三、语文课程标准对学生阅读能力及评价的要求

我国《义务教育阶段语文课程标准（2011年版）》中指出："阅读是运用语言文字获取信息、认识世界、发展思维、获得审美体验的重要途径。"这个定义更多从语文课程与教学的层面出发，除了强调阅读过程中文本意义的建构、语言文字的运用外，也十分强调阅读对思维发展的重要作用，与三项国际阅读素养测评不太一样的是，语文课程标准还将"审美体验"作为"阅读素养"的一部分。

在阅读评价方面，语文课程标准明确要求："阅读的评价需要综合考查学生的感受、体验和理解，重视对学生多角度、有创意的阅读评价。"

对精读的评价，重点在于学生对阅读材料的综合理解能力，要重视学生对情感体验和创造性的理解。第一学段侧重考查对文章内容的初步感知和对文中重要词句的理解、积累；第二学段侧重考查通过重要词句理解文章，体会其表情达意的作用，以及对文章大意的把握；第三学段侧重考查对文章表达顺序和基本表达方法的了解与领悟；第四学段侧重考查厘清思路、概括要点、探究内容等方面的能力，以及读懂不同文体文章的能力。略读方面，重在考查学生能否把握阅读材料的大意；浏览方面，重在考查学生能否从阅读材料中捕捉有用信息。

对文学作品阅读的评价，重点在于考查学生感受形象、体验情感、品味语言的水平，对学生独特的感受和体验应加以鼓励。第一学段侧重考查学生通过朗读和想象等手段，大体感受作品的情境、节奏和韵味的能力；第二学段侧重考查在阅读全文的基础上对重要段落和语句的细致阅读，具体感受作品的形象和语言的能力；第三、第四学段可通过考查学生对形象、情感、语言的领悟程度及其自的身体验，评价学生初步鉴赏文学作品的水平。评价学生阅读古代诗词和浅易文言文的水平，重点在于考查学生的记诵积累，考查他们能否凭借注释和工具书理解诗文大意。

综合语文课程标准对于学生阅读目标和阅读评价的相关要求和建议，总的来说，阅读能力的评价主要包括对阅读材料中词句的理解、文意的把握、要点的概括、作品的感受、综合评价、语言结构的鉴赏能力等。具体来说，第一学段重点要求学生理解文中的句词意思；第二学段重点要求学生初步把握文章的主要内容和思想情感，并能进行复述；第三学段重点要求学生厘清表达顺序和基本表达方法，并说出自己的感受。

# 阅读能力测评

综合以上国内外阅读测评理论及相关经验，结合对语文课程标准的深入分析，同时依据审辩阅读的特点，我们设计了一套较为严谨、科学的学生阅读素养测评工具。

## 一、阅读能力测评设计

结合学生阅读活动的外显行为和内在认知过程，我们将阅读能力分为信息提取能力、分析推断能力、整合诠释能力、反思评价能力和创意应用能力，见表 7-2。

表 7-2  阅读能力测评结构设计

| 维度 | 一级维度解读 | 二级维度 |
|---|---|---|
| 信息提取 | 基于文本直接呈现的事实，读者能够根据阅读任务迅速找到自己所需的信息 | 关键信息的提取 |
| | | 多重关联性信息的提取 |
| 分析推断 | 从文本中了解并识别一些关键信息，建立文本信息之间的联系并进行转换，形成对文本的理解或得出合理的推论 | 字词句指代义的辨析 |
| | | 字词句含义的理解 |
| | | 字词句隐含义的分析 |

续表

| 维度 | 一级维度解读 | 二级维度 |
|---|---|---|
| 整合诠释 | 读者需要关注多个局部内容和整体结构，将信息进行对比、分类，将各部分文本信息进行整合，通过信息加工，构建自己的观点 | 内容的概括 |
| | | 主旨的概括 |
| | | 结构的梳理 |
| | | 文本的分析 |
| 反思评价 | 能够以自己的价值观为基础，对文本中的人物、事件、观点等形成自己的看法；能够对文章的语言、结构、表达方式、写作手法等作出评价 | 内容和观点的思辨评价 |
| | | 写法的鉴赏分析 |
| 创意应用 | 能够从多角度思考问题，在原有文本的基础上，联系生活实际或其他阅读经验，产生新的想法或将文本中的信息、观点运用于实际问题的解决中 | 在文本与生活间建立联系 |
| | | 产生新的创意 |

按照审辩阅读能力的界定，将阅读过程分为五个阶段：信息提取、分析推理、整合诠释、反思评价和创意应用。除了本身的一维界定外，每个阶段还有二维界定，这就为测验题目的编制作好了操作层面的准备。

## 二、阅读能力测评的形式

### （一）测评的有效性和可靠性

测评的有效性和可靠性是设计测验首先要考虑的问题。测评的有效性指测试是否测量了既定内容，即阅读测验是否测量了学生的阅读能力。可以通过因素分析的方法检验测验框架结构设计的有效性。测评的可靠性指在不同情况下再次进行相同测试或采用类似测试项目对同一组被试进行测试，其得分体现出的一致性程度（Anastasi，1988）。测试可靠性的一个基本统计方法是内部一致性分析。内部一致性表现了项目之间的关联程度。一般使用克隆巴赫阿尔法系数（Cronbach，1951）测量内部一致性。当测验设计结束后，要进行试测，并对结果进行有效性和可靠性检验。

## （二）测验的类型和形式

在设计阅读能力测评时，要考虑阅读测验的文本类型以及测验类型。在阅读的文本类型方面，我们初步拟定了测试文本的选篇原则：第一，价值取向积极正向，符合国家核心价值观；第二，文本内容的文化适宜，不会因城乡、地域或性别差异而影响学生对阅读的理解；第三，以现代文为主，语言通达、表述清晰，内容生动有趣，与儿童的生活经验有联系；第四，文章能够满足考查学生阅读理解五个维度能力的要求。结合学生日常的阅读情境，在小学的阅读能力测评中，我们选择了三种类型的阅读测试文本——文学叙事类文本、说明解释类文本和非连续性文本。在小学的三种文本类型基础上，中学的阅读能力测评增加了说理论证类文本。

将阅读能力的测评分为几个部分：个人档案的建立、阅读能力的客观性以及主观性测评。

**个人档案**。学生的个人档案包括个人作品、老师评价、测验结果等。

**客观性阅读能力测验**。客观性阅读能力测验即阅读能力测验，如我们上面所述，基于阅读能力测评的框架，考虑阅读文本的不同类型并设计考查每个维度的问题。如下面这篇短文，我们可以按照测评的不同维度，设计相应的问题：

一只上了老狐狸的当、掉了肉片的老乌鸦，十分沉痛地向小乌鸦讲了自己当年上当受骗的经过，要小乌鸦永远记住乌鸦家族的这个奇耻大辱，提防奉承话里可能隐藏着的阴谋诡计。小乌鸦连连点头说："是。"

（1）"这个奇耻大辱"中的"这个"指的是（　　）。

A. 让老乌鸦上当的老狐狸

B. 上老狐狸当的老乌鸦

C. 老乌鸦嘴里的肉片被老狐狸骗走了

D. 小乌鸦衔着肉片被小狐狸骗走了

（2）这里"阴谋诡计"指的是（　　）。

A. 老狐狸用花言巧语骗得了好处

B. 小狐狸用诽谤咒骂激怒了小乌鸦

C. 狐狸家族和乌鸦家族之间的利益冲突

D. 狐狸好吃懒做骗取乌鸦的食物

（3）老乌鸦十分沉痛地向小乌鸦讲了自己当年上当受骗的经过，不是为了（　　）。

A. 让小乌鸦永远记住乌鸦家族的这个奇耻大辱

B. 让小乌鸦提防奉承话里可能隐藏的阴谋诡计

C. 让小乌鸦不要再被花言巧语搅昏了头脑

D. 让小乌鸦安慰内心沉痛的妈妈

（4）你觉得乌鸦和狐狸谁更聪明？（　　）

A. 我觉得狐狸更聪明，因为狐狸骗得了乌鸦嘴里的肉

B. 我觉得乌鸦更聪明，因为乌鸦学习了这个教训

C. 我觉得狐狸更聪明，因为狐狸狡猾是有名的

D. 我觉得乌鸦更聪明，因为乌鸦后来再没有被狐狸骗过

选择题参考答案：CADB

**主观性阅读能力评估。** 主观性阅读能力评估包括对学生阅读课堂表现的评估。根据以下审辩阅读能力的评分标准量表，对学生的审辩阅读能力作出评估。主观性阅读能力测评包括以下几个方面：语言表达、信息提取、整合诠释、创造性解决问题以及反思评价，而每一个方面都用四个维度来评估，分别是初级、发展、有效、高级，见表7-3。

表 7-3　中小学生阅读能力评价标准

| 审辩阅读 | 水平 1—初级（6分） | 水平 2—发展（12分） | 水平 3—有效（16分） | 水平 4—高级（20分） | 分数 |
|---|---|---|---|---|---|
| 语言表达（20分） | 只能初级、浅显地表达自己的一些看法 | 能够表达主要观点，但逻辑和语言上都有一些问题 | 语言表达较清晰（口语及书面语），能够提供比较充分的例证并作出比较清楚的解释，包括逻辑上的和语言上的 | 语言表达清晰（口语及书面语），能够提供很充分的例证并作出清楚的解释，包括逻辑上的和语言上的 | |
| 信息提取（20分） | 只能收集有限的信息，缺乏对信息的有效性判断 | 能够收集部分信息，对信息有效性有一定的判断 | 知道如何获取所需信息，对信息有效性有较好的判断 | 掌握如何获取所需信息，能够判断信息的有效性 | |
| 整合诠释（20分） | 能够对信息作出有限的分析和整合，不能很好地诠释和说明 | 能够对部分信息作出分析和整合，能进行部分的诠释和说明 | 能够对信息作出较好的分析和整合，能够较好地诠释和说明信息 | 能够建设性地对信息进行分析和整合，能够很好地诠释和说明信息 | |
| 创造性解决问题（20分） | 了解问题，对解决方案有一点儿想法。在某种帮助下偶然产生新颖的想法 | 能够发现某些问题，对已有的信息及解决方案的优缺点有些了解，并提出某些建议 | 能够发现问题所在，利用已有的信息，比较解决方案的优缺点，并创造性地提出解决方案 | 能够发现问题的关键所在，经常在看似没有关联的事物中找到某种连接，能够产生新颖、唯一的想法，并创造性地提出解决方案 | |
| 反思评价（20分） | 不太能够提出个人的见解。对所读的内容、风格基本没有自己的思考，论述自己的观点时没有证据 | 有时候能够发表个人的见解。对所读的内容、风格有自己的一些思考，能够提供部分证据来论述自己的观点 | 能够提出个人见解。对所读的内容、风格有自己的思考，能够提供较充分的证据来论述自己的观点 | 能够提出个人独到的见解。对所读的内容、风格有自己的思考，能够提供充分的证据来论述自己的观点 | |
| 总分 | | | | | |

　　测试题型的设计是阅读能力测评编制的落脚点，更是体现一个测评质量优劣的关键所在。通常的测试题型包括客观题和主观题，各自的优点和缺点也很明显。

　　因此，要权衡客观题和主观题的利弊，在我们的测评工具中，大部分题目会以多样化的客观题的形式来编制，在编制试题时以"SOLO 分析法"为理论基础，按照思维结构的复杂程度不同，将其划分为从低到高五个层次，尽量减少客观题测试的缺陷。此外，为了弥补客观题难以测量学生阅读的思维过程、无法有效测出学生创造性思维的缺陷，建议以追踪评价的方式，记录学生阶段性的阅读过程，给予学生充分的空间和时间来展示个人的阅读成果，评估学生阅读过程中的阅读兴趣、阅读习惯、阅读量、想象力、创造力等。

# 写作及写作能力测评

## 一、阅读与写作

　　我们常说阅读会影响写作，同样写作也会影响阅读。这句话没有错，但是要真正地帮助写作、提高写作能力，最重要的因素还是个体的审辩阅读能力。在阅读的过程中，学生要学会深入地分析整合、反思评价、不断质疑，才会有所感想。这个"感想"才是写作的源泉。研究发现，当孩子们进行审辩阅读时，他们会成为更好的作家。在学生观察某一个活动，或者审视一个作品时，同样需要调动审辩思维能力，只有不断地发现、总结和反思，才会有写作的素材，有了素材以后，还要学习如何设计标题、如何组织段落、如何使用恰当的词汇等，这些都被称为写作策略。阅读与写作之间存在着密切的关系，阅读中的任何重大缺陷都会导致写作缺陷，任何严重的写作缺陷都会导致阅读并行缺陷。例如，如果学生在写作中无法清晰地划分开各段落，那么，在阅读中也会出现信息整合的问题；如果在写作中观点含糊不清、论据不充分，这些问题也会反映在学生的阅读过程中。同样地，如果学生无法在阅读的文本中指出含糊不清的问题，他们在写作时也难以澄清重要的概念。事实上，一个好的作家必须具备审辩阅读的能力，他能够从文本中获得自己写作的想法或灵感，在逻辑上安排组织这些想法。如果不在阅读过程中加入反思评价，学生很快就会忘记并经常曲解他们所阅读的内容。同样地，如果不加入反思评价，这种写作就是肤浅的写作。因此，审辩阅读和写作两者具有共同的技能，两者都要求我们从多个角度思考，两者都要求我们很好地使用分析推理、整合反思的要素。总而言之，两者有如下共同特点：

- 澄清目的：读者的阅读目的和作者的写作目的；
- 提出明确的问题：读者在阅读中提出的问题和作者在写作中所追求的问题；
- 区分准确和模糊、相关与无关的信息：发生在阅读的文本中以及写作的准备过程中；
- 达成逻辑推理或结论：基于我们阅读的和准备写作的内容；
- 确定重要而深刻的概念：阅读过程中要提炼的和写作时想要提升思考的概念；
- 区分合理与不合理的假设：阅读和写作时需要分析和确定的假设；
- 追踪逻辑含义：读者和作者需要思考的含义。

## 二、写作过程

**写作目的：**明确写作目的，什么是你想要通过写作表达的。

**明确问题：**澄清主要的问题，如面临的主要困难、矛盾和挑战是什么。

**事实根据：**提出自己的观点，将其与现实世界中的具体情况联系起来，给出其含义的例子以及支持观点的数据、事实根据。

**逻辑推理：** 分析数据、事实之间的关系以及与论点的关联。

**文章主旨：** 明确提出你的主张、观点及其背后的含义。

**结构设计：** 设计写作的段落结构。

**语言文字：** 巧妙使用恰当的语言文字、引语、标点符号等，通过准确的写作方式表达自己的思想。

**草稿检查：** 写出初稿，并再次修改、检查是否达到了你的写作目的，见图 7-1。

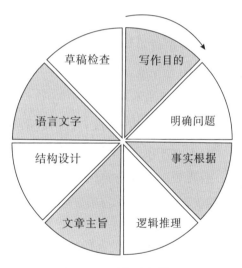

图 7-1 写作过程图示

在学生的写作过程中，题目的选择很重要。给学生的题目要适合学生的语言能力、心理特点，并且要和学生的生活紧密相关。

一、二年级写作任务举例：他们的词汇量有限，书写能力还处于起步阶段，那么给他们的写作任务，要尽量让他们用语言表达出来，将他们的故事说出来或者画出来，不会写的字，可以借助拼音或寻求老师和家长的帮助。这样，再将他们的故事保存下来。

三年级写作任务举例：让学生去做访谈，并根据访谈结果写一篇文章。

学生首先要确定访谈的目的是什么，要问哪些问题。通过小组讨论确定问题后，小组成员一起去访谈，大家各自做记录，因每个人感兴趣的问题不一样，每个人的写作重点也会不同。因为有访谈内容，每个学生或多或少都有内容可写，他们很容易就能完成任务。

四年级写作任务举例："每周通信"是班级的固定周报，周报是要分享给每一位家长和亲朋好友的。每个小组轮流负责写周报，当阅读完一本书后，他们可以写一篇故事推荐或设计海报等。小组成员都要参与讨论和编写。

中学生写作任务举例：电视里有一则新闻，说的是地球接收到一种强磁场波，科学家们在进一步探讨磁场波的来源。老师播放了这一则新闻，她问学生们："这是不是说明有外星人呢？"问题一出，学生们立刻兴奋起来，有的说"很可能"，有的说"不可能"。讨论了 10 分钟左右，老师说："我们都没有做过这方面的研究，自然都没有任何数据和证据。放学后大家回去收集这方面的资料，明天我们展开辩论。辩论结束后，每位同学都要写一篇辩论纪实报道，或者写一篇议论文。"

## 三、写作能力测评

将写作能力测评分为几个部分：个人档案的建立、写作能力的主观性测评。学生的个人档案包括个人作品、老师评价、测验结果等。

主观性测评包括对学生写作能力的评估。对学生写作能力的评估目的是让学生更好地了解他们当前写作中存在的问题，并作出进一步的改进。写作评估包括提供反馈意见以及主观性评价。反馈意见最有效的方式就是在作文旁边加标注，画出并指出问题以及建议。这样学生们就能很好地理解他们作文中存在的问题，以及如何去改进写作技巧。根据以下写作能力的评分标准量表，对学生的写作能力作出评估。

写作能力测评取决于文体类型。我们以议论文和说明文为例，介绍不同的写作评价标准。表 7-4 介绍了小学生议论文的写作评价标准，表 7-5 介绍了中学生议论文的写作评价标准，表 7-6 介绍了中小学生说明文的写作评价标准。

表 7-4　小学生议论文写作评价标准

| 写作 | 水平 1—初级（8分） | 水平 2—发展（15分） | 水平 3—有效（20分） | 水平 4—高级（25分） | 分数 |
|---|---|---|---|---|---|
| 观点陈述（25分） | 个人观点不明确，阐述不清晰 | 有部分个人观点，阐述不够清晰 | 个人观点明确，阐述比较清晰 | 个人观点非常明确，阐述清晰 | |
| 组织结构（25分） | 组织结构不清晰，表达方式不明了，重点不突出 | 组织结构不够清晰，表达方式不够明了，重点不够突出 | 组织结构清晰，表达方式明了，重点比较突出 | 组织结构非常清晰，表达方式明了，重点突出 | |
| 证据说明（25分） | 提供的证据不充分 | 提供的证据不够充分 | 提供有效证据并对其进行说明 | 对有效证据进行了合理整合和相关分析，具体详细 | |
| 语言表达（25）分 | 语言和标点符号的使用不准确 | 语言和标点符号的使用不够准确 | 语言使用比较恰当，标点符号使用比较准确 | 语言使用恰当，标点符号使用准确 | |
| 总分 | | | | | |

表 7-5　中学生议论文写作评价标准

| 写作 | 水平 1—初级（6分） | 水平 2—发展（12分） | 水平 3—有效（16分） | 水平 4—高级（20分） | 分数 |
|---|---|---|---|---|---|
| 观点陈述（20分） | 不清楚所研究的问题，观点不明确，论据不充分 | 对所研究的问题有一定的了解，观点不够明确，论据不够充分 | 清楚地了解所研究的问题，观点及论据清晰 | 展现出了对研究问题的深刻了解，观点清晰，论据充分 | |

续表

| 写作 | 水平 1—初级<br>（6分） | 水平 2—发展<br>（12分） | 水平 3—有效<br>（16分） | 水平 4—高级<br>（20分） | 分数 |
|---|---|---|---|---|---|
| 组织结构<br>（20分） | 组织结构不清晰，表达方式不明了，重点不突出 | 组织结构不够清晰，表达方式不够明了，重点不够突出 | 组织结构清晰，表达方式明了，重点比较突出 | 组织结构非常清晰，表达方式明了，重点突出 | |
| 证据说明<br>（20分） | 提供的证据不充分 | 提供的证据不够充分 | 提供有效证据并对其进行说明 | 对有效证据进行了合理整合和相关分析，具体详细 | |
| 分析阐述<br>（20分） | 对证据的分析推理不深入，阐述也不清晰 | 对证据的分析推理不够深入，阐述也不够清晰 | 使用比较有说服力和比较有效的推理将证据联系起来，阐述比较清晰 | 使用有说服力和有效的推理将证据联系起来，阐述清晰 | |
| 语言表达<br>（20分） | 语言和标点符号的使用不准确 | 语言和标点符号的使用不够准确 | 语言使用比较恰当，标点符号使用比较准确 | 语言使用恰当，标点符号使用准确 | |
| 总分 | | | | | |

表 7-6　中小学生说明文写作评价标准

| 写作 | 水平 1—初级<br>（8分） | 水平 2—发展<br>（15分） | 水平 3—有效<br>（20）分 | 水平 4—高级<br>（25）分 | 分数 |
|---|---|---|---|---|---|
| 主题<br>（25分） | 对主题没有清楚的领悟，对主题的介绍非常表面 | 对主题有部分领悟，能够介绍主题的某些部分 | 对主题的领悟较深刻，对主题的介绍比较全面、清晰 | 对主题的领悟深刻，对主题的介绍全面、清晰 | |
| 组织结构<br>（25分） | 文章结构不合理，组织结构不清晰，重点不突出 | 文章结构不是很合理，组织结构不够清晰，重点不够突出 | 文章结构较合理，组织结构比较清晰，重点比较突出 | 文章结构合理，组织结构非常清晰，重点突出 | |

续表

| 写作 | 水平 1—初级（8 分） | 水平 2—发展（15 分） | 水平 3—有效（20）分 | 水平 4—高级（25）分 | 分数 |
|---|---|---|---|---|---|
| 内容（25 分） | 不能提供事实、定义、具体细节、引语和例子来支持主题，不能够整合信息，对主题的理解有误 | 提供有限的事实、定义、具体细节、引语和例子来支持主题，不能够有效地整合信息，表现出对主题的有限理解 | 提供事实、定义、具体细节、引语和例子来支持主题，能够整合信息，表现出对主题较好的理解 | 提供精心挑选的事实、定义、具体细节、引语和例子来支持主题，有效地整合信息，表现出对主题的深刻理解 | |
| 语言表达（25 分） | 表达不流畅，语言和标点符号的使用不准确 | 表达不够流畅，语言和标点符号的使用不够准确 | 表达明了，语言使用比较恰当，标点符号的使用比较准确 | 表达流畅，语言使用恰当，标点符号的使用准确 | |
| 总分 | | | | | |

我们在这一章分别介绍了阅读与写作能力的界定以及相应的测评工具。首先，阅读与写作能力的测评目的是给学生提供具体的反馈，以便提升他们的阅读和写作能力，同时也给老师提供了教学反馈，以便更好地帮助教师提高教学质量。其次，为了设计一个好的测验，首先要了解其概念和理论模型，并以科学的方法设计测验，保证其有效性和可靠性。最后，要保持测验工具的多样性，要将观察记录、客观性测验以及主观性评价结合起来。

# 第八章

# 通过合作推理讨论培养学生的核心素养

马淑风　周茜楠　杨向东

**本章导读**

在审辩阅读教学中，"合作推理讨论"是一种有效的合作学习模式。合作推理讨论是在教师的指导下，学生主动参与和管理的互动式学习情境。在教学的过程中，学生理解并深入思考没有确定答案的真实性问题，通过小组讨论得出结论并反思学习过程，在与他人的互动中完善原有的认识并形成新的理解。教师从主导者的角色转变为支持者的角色，引导学生自由发言、自由思考，逐步突破固有的思维，发展出良好的思辨能力。文章详细阐述了合作推理讨论在中小学课堂中的实施步骤，讨论了如何实现合作推理讨论与传统教学的有机融合。

在数字化的时代背景下，知识不断更新，社会加速变化，人们的工作和生活的流动性也大大增加，简单意义上的知识传授已经无法满足人才培养的需求了。信息时代的工作要求个体能够更好地适应高新技术支持下的工作环境，能够以团队合作的方式开展创新型的工作，能够解决没有确定答案的问题（Griffin，McGaw，& Care，2012；Pellegino & Hilton，2013）。然而，当前大部分的学校教育依然推行以知识传授为主要目标的教学和学习方式。学生在学校接触的知识往往是将现实问题简单化、模式化之后得出的确定的答案或者结论。相较于真实的社会情境，其复杂度大大降低。在步入社会后，学生很难自然地将学习到的知识或者技能迁移到真实的社会情境中（Hmelo-Silver & DeSimone，2013；Wells，1998）。因此，社会各界对基础教育提出了更高的期待——教育应该让孩子健康、快乐地成长为一个全面发展的人，使他们能够拥有适应未来社会发展的核心素养，而不仅仅是在考试中取得高分（教育部，2017）。

但是，什么是核心素养？它包含哪些方面的能力？如何定义"全面发展"？什么样的人能够更好地适应未来社会？教育者又该如何培养学生的核心素养？这些问题迄今为止还没有确定的答案。不过，世界上各个国家和组织已经对此进行了不同程度的探索。例如，美国国家科学研究委员会（United States National Research Council，简称NRC）从学生如何适应未来社会的工作和生活的角度出发，提出了21世纪学生应当具备的三种可迁移能力（Transferrable skills）：高阶认知能力、人际交往能力以及自我管理能力（Pellegino & Hilton，2013）。欧盟教育委员会（Council of the European Union，2018）在其终身学习核心素养的理论框架中界定了八种关键素养，包括母语交流、外语交流、数学和科技素养、数字化素养、学会学习、社会和公民素养、创新和创业意识、文化意识和表达。在我国，林崇德教授领衔的核心素养研究课题组（2016）提出了由三个维度、六种素养构成的中国学生发展核心素养框架。综合来看，"全面发展"更多指向核心素养的发展，它既包含高阶认知发展，也包含社会性发展。其中，高阶认知发展主要包括审辩思维、创造力或创新能力、问题解决能力，以及自主学习能力的发展；而社会性发展则主要包括沟通能力、合作能力、领导力，以及社会情感能力的培养（夏雪梅，杨向东，2017）。

　　然而，如何通过学校教育促进学生的核心素养发展依然是基础教育领域的一个难题。针对学生或者家长对于教育结果的期待，不同的学校往往会采取不同的培养方式。我们曾经走访过两个培养模式截然不同的学校：学校 A 采用个性化、合作式、项目制的培养模式，给学生充分的自由，可以学习自己感兴趣的知识和技能；而学校 B 则采用类似于军事化管理的培养模式，对学习时间和学习内容进行严格的规划管理，帮助学生为考试作充足的准备。在学校 A 中，教师是服务人员。在日常教学中，教师需要针对每个孩子的特征进行个性化的辅导，需要设计不同的活动或者项目激发学生的兴趣、增强学生的参与感、促进学生能力的提升。而在学校 B 中，教师是绝对的权威者。学生在学校所有的行动都需要按照学校的规定进行。课堂教学由教师主导，所有的课程都经过精心设计和严格的进度把控，再辅之以定期的测验和考试。教师的主要目标是提高升学率，保证学生在毕业时可以进入理想的学校继续深造。

　　这两种培养模式在现实中其实都属于比较极端的例子，大部分学校的培养模式介于这两者之间。但是，假设这样的选择现在摆在你面前，作为学生，你希望去哪所学校就读？作为教师，你希望去哪所学校工作？作为家长，你希望自己的孩子接受哪所学校的教育？事实上，不管作什么样的选择，这在当今社会都是挑战，因为我们既不能忽略现实的因素（如应试），又不能不考虑未来的发展（如就业）。这个两难的抉择促使我们回到根本性的问题上来：什么是好的学校教育？有没有一种学习情境可以兼顾这两方面？也就是说，有没有一种学习情境既能保证学生掌握考试必须的知识和技能，又能促进学生的个性化成长呢？

　　基于对这些问题的思考，我们写了这篇文章，希望可以与同在教育领域工作的研究者、管理者以及教师们共同探讨基础教育中存在的一些迷思。具体来说，我们将从以下三个方面展开讨论：①基础教育应当以知识传授为导向还是以核心素养为导向？②如何构建有助于培养学生核心素养的课堂学习情境？③如何将新的学习情境与传统教学有机融合起来？

# 以知识传授为导向还是以核心素养为导向？

虽然近年来核心素养得到了越来越多的关注，但是大部分的中小学课堂仍然采用以知识传授为导向的学习方式。以知识传授为导向的学习方式将教师看作知识的供给者，将学生看作知识的接受者。在以此为基础所构建的学习情境中，知识实现了从教师一方到学生一方的传递，传递的过程通常高效且目标明确（Wells，1998；Wu，Li，& Anderson，1999）。在知识传递的过程中，课本承担了知识载体的功能。课本中的内容由不同学科领域的专家在认真研究和深入讨论之后编写而成，学生根据已有的知识水平进行由浅及深的学习（Wu et al.，1999）。教师根据课本中的内容制订合理的教学计划，按照一定的学习进度将知识系统性地教授给学生，而学生则跟随教师设定的目标和进度进行学习。

这种传统的学习方式具有一个突出的优势：确保了知识传授的高效性和准确性。在课堂上，教师拥有绝对的主导权，学生通过聆听教师的讲授汲取知识，并在教师的指导下，通过阅读文本、练习或演算题目、记忆课本中的知识点等方式巩固习得的知识（Chinn，Anderson，& Waggoner，2001）。之后，教师通过提问、测验、考试等方式检验学生的学习成果。在课堂上，教师常用的互动形式是"教师提问—学生回答—教师评价"（Mehan，1979）。学生虽然获得了在课堂上发言的机会，但是所回答的问题一般都有固定的答案。在考试中，教师对学生学习结果的评价通常是对记忆的准确性或者逻辑推理精确性的检验（Wells，1998）。如果学生在考试中表现一般，教师可以有针对性地让学生通过重复阅读、抄写、背诵、反复练习等方式，加强对薄弱知识点的学习，直到学生的学习成果达到合格的标准为止。

相较于以知识传授为导向的学习方式，以核心素养为导向的学习方式更加注重真实问题的解决，强调学习的社会性维度，让学生在与真实情境互动的过程中获得来自科学体系的知识和经验（杨向东，2017）。以核心素养为导向的学习方式关注高阶思维，强调对信息的深层加工和知识在不同情境下的迁移，而不是机械的记忆或是重复固定的步骤（马淑风，孙晶晶，Morris，& Anderson，2016）。这种新型的学习方式非常重视学习结果的展示与交流，鼓励教师采用多元化的评价方式考查学生的高阶认知能力，以及在学习过程中展现出来的互动、交流、合作能力。比如，教师可以让学生以小组为单位汇报项目成果、展示问题解决方案，或者通过写作、演讲表达个人观点等。此外，以核心素养为导向的学习方式也非常强调为学生提供关爱和支持，帮助学生建立对环境的归属感，使其更好地与他人互动、交流、合作，从而促进学生社会性能力的发展（夏雪梅，杨向东，2017）。

以核心素养为导向的学习方式最突出的一个特点是重视社会互动对知识建构的重要性。根据社会建构主义的观点，知识是在社会互动中获得的。在与他人交流的过程中，个体会不断接收新的信息。这些信息有些会对已习得的知识进行补充，有些则可能与先验的知识产生冲突，进而促使个体打破原有的认知体系，最终通过解构和重构形成新的认知（Piaget，1952；Golbeck & El-Moslimany，2013）。维果茨基的"社会—文化发展观"也认为，在互动过程中，个体通过他人的反馈来不断拓展和更新认知体系，帮助个体在"最近发展区"（Zone of proximal development；Vygotsky，1978）内实现知识和能力的提升；例如，学习水平相对较低的学生可以通过与学习水平相对较高的学生互动来解决个体无法独立解决的问题（Azmitia，1988；Fawcett & Garton 2005）。

综上所述，以知识传授为导向的学习方式通常采取教师主导的授课方式，大部分情况下使用封闭式的评价对学生的学习结果进行持续性的考查。相比之下，以核心素养为导向的学习方式通常采取互动性的教学方式，注重对学生高阶认知能力和社会性发展的多维评价，鼓励学生调动自身以及环境中的心理和社会资源，解决真实情境中的复杂问题。

## 如何构建有助于培养学生核心素养的课堂学习情境?

越来越多的研究发现，以知识传授为导向的学习方式更容易让学生"记住"知识，而不是"运用"知识去解决现实情境中没有确定答案的问题（Wells，1998）；而以互动为主要模式的教学方法对提高学生不同维度的核心素养有着积极的影响（Wells & Arauz，2006；Murphy，Wilkinson，Soter，Hennessey，& Alexander，2009）。

在过去的三十年中，很多以教师和学生间的互动或者学生之间的互动为主要模式的课堂教学方法都在不同程度上促进了学生的深层理解、语言表达、审辩思维、论证推理、有效沟通以及互动合作等核心素养的发展（Ma et al.，2017a；Ma et al.，2017b；Mercer & Dawes，2008；Murphy et al.，2018；Resnick & Schantz，2015；Reznitskaya et al.，2009）；比较有影响力的教学方法包括合作推理讨论（Collaborative reasoning discussion；Anderson，Chinn，Waggoner，& Nguyen-Jahiel，1998），提问作者（Questioning the author；McKeown，Beck，& Sandora，1996），教学对话（Instructional conversations；Goldenberg，1992），探索式对话（Exploratory talk；Mercer，Wegerif，& Dawes，1999），以及高质量讨论（Quality talk；Wilkinson，Soter，& Murphy，2010）等。这些新型的教学模式主要有以下两个特点:

一是提倡基于问题、基于项目的活动方式，例如，由教师创设真实情境中具有挑战性的学习任务，让学生在解决问题或者完成项目的过程中有针对性地获取信息和知识；二是采用个性化、多元化的学习模式，例如，体验式学习、合作式学习、探究式学习、建构式学习等更加注重互动和体验的学习模式，可以促进知识的社会性建构，让学生从经验地、整合地与世界互动向理性地、自觉地与世界互动的方式转变（杨向东，2017）。

　　虽然这些互动式的教学方法都在促进学生高阶认知发展和社会性发展方面产生了积极的作用，但是这些方法大多是在国外的中小学课堂使用的，并未对中国的课堂环境进行适应性研究。本文以其中的一种互动式教学方法——"合作推理讨论"为基础，针对中国课堂互动性普遍较低的情况，对教学过程进行了结构性改良，强化了教师在课堂讨论模式中的支持和引导性作用。

　　目前，以合作推理讨论为主要模式的课堂实验已经在我国部分中小学课堂实施并开展（Dong，Anderson，Kim，& Li，2008；丁凤姣等，2016；Sun et al.，2017），但是以此为基础的实证研究在国内仍处于起步阶段。关于合作推理讨论如何影响中国儿童的高阶认知能力和社会性发展的研究还在进行中（郑明璐等，2014；马淑风等，2016）。这些已有的研究显示，在议论文写作中，与接受传统教学的学生相比，参加了合作推理讨论的学生能够更加清晰地表达自己的观点，能够更严密地进行推理和论证（丁凤姣等，2016）。在社会性发展方面，相较于课程开始之前，参加完合作推理讨论的学生在班级内形成了更加复杂多元的社交网络关系，而接受传统教学的学生的社交网络复杂程度在课程前后则未发生太大的变化。虽然合作推理讨论在中小学课堂的教学效果还有待进一步考查，但是已有的多项研究均表明，构建以开放式参与和思辨讨论为主要特点的互动式学习情境，对促进学生核心素养的发展有潜在的积极影响。

## 如何在中小学课堂实施"合作推理讨论"？

具体来说，合作推理讨论主要包括七个关键步骤：阅读理解、形成观点、论证观点、回应他人、整合总结、小组汇报、带领反思。下面将详细介绍合作推理讨论的每一个关键性步骤，并以一节课为例，阐述实施过程中需要注意的问题。

**步骤一**：阅读理解——默读文本并对中心问题进行初步理解。

在每节课的开始，学生将拿到一份由教师精心设计或者挑选的阅读材料，材料内容围绕一个有争议性的问题展开，学生需要理解并思考这个中心问题。比如，在一所中学实践合作推理讨论时，我们从环境保护和经济发展的角度出发，让学生讨论是否应该为了促进当地的经济发展而允许在当地建立可能会引起环境污染的化工厂。根据某律政剧中村民起诉化工厂的法庭辩论情节，我们改编出系列阅读材料，让学生分四节课学习。每节课要阅读的阅读材料长度约为 2000 字，学生在课上有充分的时间对材料进行初步的阅读。在这一环节中，教师鼓励学生通过默读全文对文章形成整体印象，了解故事的主题和主旨。在大多数学生读完一遍的时候，教师提醒学生关注这次讨论的中心问题（呈现在阅读材料的结尾处），确保每一个学生都明确本节课的目标。

**步骤二**：形成观点——提取信息、记录重要内容并形成自己的观点。

在完整地读完阅读材料之后，学生要做的第二步是结合材料中的信息和自己的经验，针对中心问题形成自己的观点。在这一步中，教师可以引导学生思考自己的观点是什么，材料中有哪些信息或者个人生活经历可以支持自己的观点，并要求学生将自己的想法写在课堂练习本上。这一步仍要求学生独立学习、思考并作出判断，在阅读理解的基础上形成自己的观点，明确观点形成的依据。要求学生将观点转换成文字有以下几个好处：①书写任务让学生的注意力更加集中，避免提前讨论对自主思考造成干扰；

②与打腹稿相比，书写能够促进学生深入思考，并注意语言的组织；③为后续的讨论作好铺垫。在文字草稿的帮助下，让学生敢于在讨论初期说出自己的观点，快速进入讨论状态；④方便教师根据文字材料对学生的表现进行评价和反馈。

**步骤三**：论证观点——对自己的观点进行合理论证。

从步骤三开始，流程进入了小组讨论环节。第一步，每个学生在小组内提出自己的论点，并加以合理论证（Argumentation）。合理论证需要包含以下几个要素：观点、资料、依据、支撑、限定、反驳、结论（Toulmin，1958）。在论证过程中，学生首先要提出自己的观点，然后引用事实或者有说服力的资料去证明该观点的正确性。支持观点时，资料的使用必须要基于一定的依据，同时也需要指出该依据成立的支撑条件（该依据可以使用的理由）和限定条件（该依据在多大程度上具有合理性）。此外，还需要考虑与原观点相反的论点，指出在什么情况下原观点不成立，或者存在支持相反论点的其他理由。在考虑了不同角度的观点及其论据后，学生会得出自己的结论。教师可以在学生开始小组讨论之前讲解并示范合理的论证过程，引导学生在讨论中使用合理的论证。

在合作推理讨论中，学生也可以质疑文中的材料，如果文中有含义不清的地方，教师可以鼓励学生根据自己的理解加以补充或者修正。学生的讨论不必停留在阅读材料本身，而是结合自身的经历和知识储备，提出新的论据。比如，有的同学在关于化工厂是否会造成污染的讨论中提到："如果工厂排放二氧化硫等气体，这会导致空气污染，进一步导致酸雨等自然灾害的发生；排放大量二氧化碳还会导致温室效应，致使全球气温升高、冰川融化、海平面上升……总之，后果很严重！"这些理由虽然没有出现在阅读材料中，但是为论点提供了有力的支撑。

**步骤四**：回应他人——回应彼此的观点并就不同观点开展组内讨论。

随之而来的是小组讨论中最重要的一个环节，即让学生回应彼此的观点。对于中心问题，每个小组的成员往往有不同的观点，即使是站在相同的立场上，大家的理由也不尽相同，一位同学用来支撑自己论点的证据可能被另一位同学反驳。比如，在关于村民是否应该允许化工厂在当地建厂的讨论中，一位同学提出："我觉得应该建立工厂，因为公司的代表很有诚意，承诺给村民很丰厚的福利，而且他也保证工厂会严格处理污染物。"而另一位同学则反驳说："公司代表的话不能全信，他们是商人，是优先维护公司利益的，而且有些污染物是没办法处理掉的，所以我认为不应该建立化工厂。"在来回的辩驳中，学生们的论证能力得到了提高，甚至形成了环环相扣的逻辑链条来支撑自己的观点。在某些情况下，学生在听到相反观点的论据和论证后会改变自己的立场，转而寻找证据支撑新的论点，这些都是合作推理讨论所提倡的学习行为。讨论或者辩论的目的并不是让一方赢过另一方，而是把不同的观点都展示出来，供所有人评价和思考，从而形成对问题多角度的理解和认知。

**步骤五**：整合总结——小组内部总结、整合已有的观点和论据。

在小组讨论接近尾声的时候，各小组需要完成最后一个任务：整合已有的观点和论据，并选出一位代表在全班面前进行总结陈述。通常情况下，小组成员会自主地开始罗列并记录整个讨论过程中的各条理由，并商量最后由谁发言。教师需要在小组讨论的最后 5 分钟提醒每一组学生进行组内观点和论据的整合总结。对已有的观点进行梳理和整合有助于学生对讨论过程中获得的信息进行深层次的加工，寻找不同观点之间的连接，将分散的信息点整合成一个综合性的观点进行论述。

**步骤六**：小组汇报——各小组汇报和评价彼此的观点和论据。

小组内部的总结完成之后，教师指导学生停止讨论，让课堂安静下来，进入全班交流的小组汇报环节。小组汇报需要由教师主持全场，决定小组的发言顺序。需要注意的是，在总结部分，教师需要将各种观点都呈现给全班学生。尽管教师要求每个小组都要派一名代表发言，但如果各个小组立场呈一边倒的趋势，教师就需要让持其他观点的学生发言。讨论本身并不是为了让大家作出最终的选择，而是为了引导学生关注其中的思维过程。

在总结时，教师也应该着重关注学生的具体论证，通过适当引导少量代表的发言，给全班树立合理论证的榜样。例如，某个小组代表发言非常简短："我们组讨论下来同意建厂，因为同意建厂的话会收到化工厂的福利，这样的福利非常好。"其实在讨论的过程中，该组提到了非常多的建厂可能带来的好处，但是他们并没有在总结中呈现出来。这时教师可以进一步提问："什么样的福利？有了福利之后又会怎样呢？"这样的提示会让他们进一步回到原文强化自己的论据，并暗示他们讲出后续的推理。"福利就是第二页写的——这里可以建文化交流中心，可以提供很多活动和课程，村民还能去工厂上班，拿到丰厚的薪资……有了工作保障就会有更多人愿意留在村里，赚了钱就可以继续发展村子，这样环境也会有保障。""为什么这样环境就会有保障？""因为会培养出科学家，他们会发明保护环境的仪器。""很少有其他同学这样推理，很好。"实时的赞赏和肯定可以提高学生的积极性，也可以强化学生好的表现。

**步骤七**：带领反思——教师引导学生反思讨论过程。

最后一个步骤是教师引导学生反思自己的讨论过程。这需要教师根据当天的讨论情况请一些特别的学生说说自己的感受。比如，如果教师在讨论中观察到某个学生所持的立场和其他组员都不同，大家都围着反驳他，可以提问这位同学："在今天的讨论过程中，你有什么感受？你喜欢今天的讨论过程吗？为什么？"或是请一位在讨论过程中喜欢打断别人的同学回答："在今天的讨论中，你有什么做得特别好的地方？还有哪里是做得不好、需要改进的？"教师可以指出观察到的好的或不好的小组合作行为，肯定、赞赏好的表现，及时纠正学生在讨论中做得不够完善的地方，帮助大家形成更好的讨论氛围。

在合作推理讨论的七个关键步骤中，前五个步骤都由学生主导，最后两个步骤由教师带领全班进行。在传统的教师主导的课堂学习情境中，教师扮演领导者、规划者、传授者的角色。但是在合作推理讨论的过程中，教师扮演的是支持者、观察者、推动者的角色。合作推理讨论的顺利完成需要教师给予学生足够的自由去表达自己的观点，同时带领学生反思讨论过程中遇到的挑战和问题；而学生则需要积极主动地参与活动，自主地管理和推动小组讨论进行，以及学习如何与他人进行良好的互动。

## 如何推进合作推理讨论与传统教学的有机融合？

虽然合作推理讨论提供了有助于培养学生核心素养的课堂学习情境，但是在中小学课堂的实践和推广方面，依然存在很多挑战。合作推理讨论的一个突出特点是教师角色的转换。教师在担心自身是否有能力应对新角色带来的挑战的同时，往往也会担忧由学生主导的教学模式是否会造成教学效率的降低、教学进度的拖延以及课堂秩序的混乱。因为这些担忧的存在，教师在教学中更愿意选择既定的教学方法，或者更多地参与到学生的互动中，以便实时监督和管理学生的行为，这无疑会影响合作推理讨论在课堂的应用。针对这些可能产生的担忧和问题，本节将从合作推理讨论的课程设置、教学准备以及课堂管理三个方面进行阐述，探讨如何在当前的教育背景下实现合作推理讨论与传统教学的有机融合。

首先，应当将合作推理讨论作为传统教学的良好补充，在保证教学进度的情况下合理安排课时。教师可以将合作推理讨论作为日常教学的拓展部分，挑选出某个适合的主题或是某篇课文，整合改编课本内容，安排每周一次、每两周一次，或者每月一次的合作推理讨论。在实施课程时，如果教师无法在一节课的时间（40~45分钟）内完成合作推理讨论任务，可以选择将学生独立学习的部分（如阅读理解、形成观点）作为课前预习作业，课上只进行小组讨论、总结汇报和带领反思。由于合作推理讨论以学生思考有争议的真实性问题展开，语文、政治、历史科目是适宜融入合作推理讨论的学科。在单科教学中融入频率得当的合作推理讨论，这可以有效减缓教师的备课压力，同时这对原来教学进度的影响也很小，更不会影响学校排课，是一种非常灵活的做法。

学校也可以尝试将合作推理讨论作为一门特色课程进行开发，利用阅读课、自习课或是课外活动的时间开设一学期或者半学期的系列课程。教师可以结合各学科教学大纲、教材内容，选择一个或几个可以融合各学科的主题，准备一系列的讨论材料。课程的准备可以由对合作推理讨论感兴趣的语文、历史、政治等相关学科的教师组成的教研小组共同完成。除了围绕某一内容主题设计系列合作推理讨论课程外，学校也可以以培养学生的合理论证能力、审辩思维、议论文写作为目标开设系列课程。在这种情况下，可以将合作推理讨论作为主要的教学方式。教师可以设计相关的阅读材料，穿插"如何合理论证"的示范指导课，并配合以议论文写作的练习。

其次，开展合作推理讨论活动的教师应当进行充分的教学准备，保证课程有序进行，提高教学效率。虽然在合作推理讨论中教师的主导地位有所下降，但不论是在课前、课上还是课后，教师的作用仍旧十分关键。在上课前，教师需要根据班级人数将班内的学生分成若干个小组，每组人数为4~8人。分组时要保证组内学生的认知水平和社会性特征的平衡。比如，男女生比例需要尽量均衡，同时，组内既要有外向健谈的学生也要有内向安静的学生，既要有学习表现优秀也要有学习表现处于中下游的学生，既要有组织管理能力强的班干部也要有不担任班级职务的学生。每一次上课的时候，学生按照划分好的小组就坐，形成自己的讨论小组。教师也可根据课堂实际情况对学生的分组进行调整。

在上课之前，教师需要准备好小组讨论的材料，可以选择现成适宜的，也可以自行改编。好的讨论材料有以下特点：①由一个故事情境展开；②从多方视角阐述事件的来龙去脉，既包含对故事背景的叙述，也包含对故事中各人物心理活动的描写；③故事中隐含一个关键的冲突，即学生需要去解决的问题（Waggoner，Chinn，Yi，& Anderson，1995）。在编写、选择讨论材料的时候，还要考虑到学生的兴趣和认知特点，选择与学生知识背景相契合的话题。教师自身也需要对讨论的问题进行充分的思考，同时也必须先掌握合理的论证技巧。

在课堂上，从最初建立课堂规则（含讨论规则），到一步步引出、推动各环节，教师是串联整节课的主线。如果组内大部分成员的立场相同，甚至所有人都给出了同样的答复，教师需要进行适当的引导，带领同学们思考相反立场的论点和理由。在课堂实施的过程中，教师时而进入小组讨论中倾听，时而又站在各组之间，观察、记录学生的表现，时而又把旁边小组的好的论述带到讨论不热烈的小组中。在上课结束之后，教师需要反思课堂上学生的表现，思考教学过程中的具体细节，如小组成员是否需要变动，课程各个环节的时间把控如何，这次的讨论材料是否合适等。

为了帮助教师更好地适应新的角色，学校可以通过讲座的形式，邀请相关专家对教师进行培训，帮助教师熟悉如何设计适合讨论的阅读材料、如何进行合理的论证，以及如何管理小组讨论等。选择使用合作推理讨论的教师也可以成立教研小组或者教学共同体。负责同一课程的老师可以组成备课小组，共同设计合作推理讨论的内容，开展课后反思小结并完成课程调整、学生评价等；开展不同课程的老师可以组建教学共同体，定期探讨在课程开展中遇到的问题、观察到的学生变化和闪光点等话题。

最后，实行合作推理讨论的课堂应当建立课堂讨论规则，并且通过多次课堂讨论，强化学生的自我管理行为。在合作推理讨论初期，当学生还未开始自主讨论时，教师需要和学生一起开展商讨，确立讨论规则，并帮助学生落实到行动上。有效的课堂讨论规则包括但不限于以下几个方面：①同学之间彼此尊重，使用文明礼貌的语言表达自己的观点或者回应别人的观点；②发言时不需要举手，直接表达自己的观点；③在别的同学发言时要仔细倾听，等到该同学发言完毕后再表达自己的观点，不要打断对方的发言；④保证小组的每个成员都有机会发表自己的观点。如果发现有同学没有发过言，则礼貌地邀请该同学分享自己的看法（Chinn et al.，2001）。教师也可以引导学生遵守讨论规则，如教师在加入某小组的讨论，观察了几轮发言之后，发现有同学一直没有说过话，可以通过诸如"我们一起来听一听这位同学的观点"的表述加以引导。当学生们已经熟悉了讨论规则之后，类似的提醒会更多地从小组其他同学口中说出，小组同学的提醒效果有时可能优于教师的提醒效果。

在逐渐习惯小组讨论的形式之后，各个小组会形成具有不同特色的讨论模式。比如，有的小组每次都始于一位同学的毛遂自荐，然后大家轮流说出自己的观点和理由；有的小组则是推举出了一个主要领导者，由他确定发言的顺序；也有的小组会选择先在组内对中心问题进行投票，然后先从一方的观点说起，再集中讨论另一方的观点和理由。这些都是合作推理讨论所提倡的自我管理行为。如果教师发现学生在讨论过程中萌发了领导、组织、管理等行为，应当适当地鼓励和赞赏学生，激励学生彼此约束，推动课堂讨论顺利、高效地进行下去。

总而言之，合作推理讨论是在教师指导下，学生主动参与和管理的互动式学习模式。在这个过程中，学生理解并深入思考没有确定答案的真实性问题，通过小组讨论得出结论并反思学习过程，在与他人的互动中完善原有的认识并形成系统性的认知体系；而教师则由主导者的角色转变为支持者的角色，引导学生自由发言、自由思考，逐步突破原有的认知，推动学生学会自主管理与他人的互动及合作行为。我们希望在系统介绍了"合作推理讨论"这一互动式教学法后，会有更多的教育研究者以此为基础并进行课堂实验，深入探究合作推理讨论对促进学生核心素养发展的作用机制。同时也希望更多的教师可以将合作推理讨论融入自己的日常教学中，增强学生的自主学习能力，促进课堂学习模式的多样化发展。

# 第九章

# 审辩思维教育中的辩论与包容异见

谢小庆

**本章导读**

　　本章阐述了具有审辩思维的人的重要特质——包容异见。辩论是培养审辩思维能力的重要手段，审辩思维是许多智力活动的核心，但在辩论过程中，还要理解人与人之间的个别差异，理解不同的价值取向，这同样是审辩思维教育中值得老师注意的问题。

## 语言的局限性

　　人类面临的一大挑战是需要通过语言进行交流，语言本身具有很大的局限性，许多重要的交流任务无法借助语言实现。老子《道德经》的第一句话是："道可道，非常道；名可名，非常名。"老子在此书中还说过："知者不言，言者不知。"庄子也说："意之所随者，不可以言传也。"（《庄子·天道》）

　　20世纪上半叶，伴随数学的公理化运动的开展，一些人类最杰出的思想家曾致力于通过语言的规范化来消除语言交流中的误解。最终，人们发现这种努力是徒劳的，语言的局限性无法被完全克服。

奥地利学者维特根斯坦（Ludwig Josef Wittgenstein，1889—1951）是对 20 世纪语言学研究作出最重要贡献的思想家之一，他生前正式出版的唯一一本书是《逻辑哲学论》。全书共 7 章，作为结论的第 7 章只有短短的一句话："对于不可说的东西，保持沉默。"他在这部书中表达了一个重要的观点："可以展示的东西，不能用语言表达。"

正是基于这种对于语言局限性的理解，我们才需要包容异见。

# 形式逻辑的局限性

今天用于公务员录用考试的《行政职业能力测验》包含 135 道选择题。这项测验主要考查的是一个人的逻辑推理能力。一个人不论是否参加公务员考试，要想在这个高度信息化的时代具备职业胜任力和竞争力，万万不能没有逻辑推理能力。作为一名家长，作为一名教师，必须从小注重发展孩子的逻辑推理能力，帮助孩子养成按照形式逻辑（Formal logic）进行思考的习惯。

作为《行政职业能力测验》的设计者，我还非常清楚地知道，对于职业胜任力和竞争力来说，逻辑推理能力并非万能。

- 在学校被同学打后要不要还手？
- 像孔融一样自律地让梨让利，还是率真地争梨争利？
- 学生要不要背诵课文和名篇？
- 在高考必考科目中是否应包含外语？
- 是否开征房产税？

所有这些问题，都不存在唯一正确的标准答案，都不存在绝对合理的答案，人们在面对这些问题时都存在不同的看法，甚至存在差距很大以致尖锐对立的看法，都仅仅存在"普乐好"的答案，都不能仅仅靠逻辑推理作出选择。

不论是关系个人前途和人生幸福的问题、教育的问题、关系国计民生的问题，还是关系世界和平和人类前途的问题，所有这些问题的解决，万万离不开逻辑推理和形式逻辑。但是，逻辑推理和形式逻辑并非万能，逻辑推理和形式逻辑远远不足以成为选择的依据，还需要审辩式思维的参与，还需要基于"不懈质疑"和"包容异见"的"力行担责"。

实际上，诉诸逻辑推理就可以解决的问题数量是非常有限的，往往是一些并不重要的小事情，例如，一个广西沙田柚的价格是 5 元钱，买 3 个柚子需要多少钱？绝大多数真正重要的问题都不是靠逻辑推理和形式逻辑就能够解决的，都需要人们在审辩式论证（Critical argument）的基础上作出"普乐好"的选择。

如果走出课堂、走进实际生活的话，即使是买柚子这样的"小问题"，也不能仅仅靠形式逻辑予以解决。

实际的情况是：

卖家：1 个 5 元，3 个 13 元。买家：3 个 12 元卖不卖？

这时，卖家面对一个"12 元卖或不卖"的选择。如果卖家的选择是"12元不卖"，那么，买家将面临的选择是"13 元买不买"。对于卖家和买家，他们都没有正确的标准答案，也没有合理的答案。

这个问题也不能仅仅靠形式逻辑作出选择，还需要借助审辩式思维来作出选择。

2016 年 3 月，计算机棋手"阿尔法狗"战胜了围棋世界冠军李世石，这使包括笔者在内的许多人感到意外。在中国象棋和国际象棋领域，计算机早就战胜了人类。计算机在围棋领域战胜人类之所以比在象棋领域困难，是因为围棋有 19×19 行列，可能的棋局变化是一个天文数字，其计算量对于大型计算机来说也是巨大的挑战。但影响围棋胜负的因素再多，棋局变化的可能性再多，也只是一个极其巨大但有限的数量。随着计算机计算能力的增强和算法的优化，它终将战胜人类。但是，对于"12 元卖不卖"和"13元买不买"这样的问题，其影响因素却是无穷的。虽然计算机可以战胜李世石，但在可以展望的未来，计算机或人工智能还不可能代替人来回答"12元卖不卖"和"13 元买不买"这一类的问题。

# 不随意下论断

电影《搜索》讲述了这样一个故事：女主人公叶蓝秋在医院被诊断为淋巴癌晚期。从医院出来后，坐在回家的公交车上，她心力交瘁、神情恍惚。她戴着墨镜，掩饰着痛苦和绝望，并没有注意到对面站着老人，当然更谈不上让座。随后，乘客们关于"这女人没素质"的议论导致心情极坏的叶蓝秋情绪失控，双方矛盾激化。后来电视台介入了，公众舆论推波助澜，"人肉搜索"曝光了她的所有隐私，她被捕风捉影地污蔑……最终，叶蓝秋跳楼自杀。

多数人仅仅看到了叶蓝秋没有给老人让座的画面，却并不知道这个画面的前因后果。仅仅根据这一幅画面，一些人就开始义愤填膺，就开始迫不及待地对她展开道德批判，就开始指责叶蓝秋缺乏教养、品质败坏……看似理直气壮、正义凛然，实则杀人于无形。

类似的论断，几乎每天都在上演。

2016 年，耶鲁大学校长彼得·沙洛维（Peter Salovey）在当年欢迎新生的开学典礼致辞中讲了这样一段话：

"1964 年，29 岁的基蒂·吉诺维斯（Kitty Genovese）在位于纽约皇后区的家中被害，这一案件引起了广泛关注和热议，也许你也听说过关于此事的好几个版本。据《纽约时报》报道，有 38 个人从自家窗户中看到了行凶过程，但只有一人报警，且报警时为时已晚。

这些年来，我多次描述这一令人震惊的案件，其他讲授类似课程的社会心理学家们也是如此，还有一些社会学家试图据此分析为什么目击者们会如此冷漠无情，竟然能眼睁睁地看着这样的犯罪行为发生却无动于衷。

问题在于：标准版基蒂案件描述在某些关键细节上出了错。基蒂的弟弟制作了一部名为《目击者》（The Witness）的纪录片。

根据他在这部电影中展示的实拍场景，并非所有旁观者都冷漠无情：一名目击者在窗口大声呵斥凶手，另一名目击者在基蒂离世时将其抱在怀中，也有其他目击者在此期间报了警。

这种'失实表述'虽然部分真实，但已经被有关案件的报道所歪曲，因为报纸想激起人们愤慨、恐惧、憎恶等强烈的负面情绪。愤怒、恐惧、憎恶这些情绪可以有效地驱使我们打开网页、购买商品……"

沙洛维校长还对新生们说：

"耶鲁教育的重要内容是，让你成为一个更加认真的审辩者——学习怎样正确地评估证据，考虑得更广、更全面，从而得出你自己的结论。"

# 我不赞成你，但我理解你

清华大学的学者刘瑜老师曾谈到，她喜欢在哈佛大学讲"正义"（Justice）课的迈克·桑德尔（Michael J. Sandel）教授。这既让我感到意外，也让我大为感动。刘瑜未必赞成桑德尔的某些观点，但她理解桑德尔。我非常欣赏刘瑜的这种态度：我不赞成你，但我理解你。

许多人认为与以苏格拉底、柏拉图、亚里士多德为代表的西方文化相比，中国传统文化缺乏对真理的执着追求，缺乏关于终极价值的信念，缺乏质疑精神，缺乏理性精神，缺乏形式逻辑。

我完全理解他们对中国传统文化的看法。就分析性推理和形式逻辑而言，中国人确实存在着先天的不足。今天，不论是学术杂志和学术报告，还是网上的论辩和争论，确实到处充斥着大量的逻辑谬误和逻辑跳跃。中国人确实需要学习形式逻辑，学习逻辑思维。在提高中国人的普遍逻辑思维水平这一方面，我们确实仍然任重道远。因此，我理解这些朋友对中国传统文化的看法。

但是，我并不赞成这些朋友们的看法。我知道，与西方人相比，中国先哲更早地认识到语言和形式逻辑的局限性，更早地悟得"和而不同"的道理，更早地形成了整体的、多元的审辩式思维。

我不赞成，但我理解朋友们批评的主张和考虑。作为一个文明社会中的现代人，需要具有"我不赞同你的观点，但我尊重你表达的权利"的态度，需要具有"我不赞成你，但我理解你"的胸怀。

# 为什么要培养审辩式思维？

具有审辩式思维的人不会将对问题的不同意见视为"真理"与"谬误"的分歧，不会用自己的"真理"去批判别人的"谬误"。他们理解我们所共同面临的、非常艰难的选择，理解我们为自己的选择所付出的常常是非常沉重的代价。他们理解，在选择时，首先要以事实为依据，选择不能基于虚假或虚构的事实，必须澄清那些虚假的传言。他们反对道听途说、信口开河、哗众取宠，他们看重扎实的文献调研和严肃的实证研究。在事实方面，他们会不懈质疑、穷追不舍。

具有审辩式思维的人理解：论证必须符合形式逻辑，论证不能与形式逻辑相冲突，论证必须是合理的。他们会努力发现和揭示论辩对手存在的逻辑谬误和逻辑缺陷，努力提出"以子之矛攻子之盾将何如"一类的问题。在形式逻辑方面，他们也会不懈质疑、穷追不舍。

具有审辩式思维的人，能够理解仅有的"事实"不足以成为支持一种主张的理据。只有当事实以符合逻辑的方式获得一系列必要的支持时，作为理据，它才能为主张提供支持。他们理解，在符合事实和符合形式逻辑的基础上，基于不同的价值取向和个人偏好，不同的人可能存在不同的看法，这些不同看法之间的区别不是正确与否的区别，也不是合理与否的区别，它们的区别在于是否属于"普乐好"的一项。在一部分人看来是"普乐好"的看法，在另一部分人看来可能并不是"普乐好"的看法。

具有审辩式思维的人能够理解，世上并没有客观的真理，只有主观的真理；世上并没有众人的真理，只有个人的真理。他们接受多种价值并存的可能性，他们在坚持自己的真理观的同时，也能包容别人的真理观。

审辩式思维的要义是：对待自己的真理观时要真诚，陈述自己的真理观时要鲜明，坚持自己的真理观时要勇敢；对待别人的真理观时要包容，攻击别人的真理观时要谨慎。对于事实和逻辑，应该不懈追问；对于价值判断，应该"适时闭嘴"。不仅要进行有意义的审辩，而且要知道何时"闭嘴"。

# 参考文献

曹亦薇，顾秋艳．（2010）．PISA 式汉语阅读测验的编制与维度评价．*考试研究*，*6*（4），80-92．

［美］大卫·香农著，余治莹译．（2007）．*大卫，不可以*．河北：河北教育出版社．

丁凤姣，程亚华，张洁，李宜逊，李虹．（2016）．协作推理讨论对小学生论证*技能的促进*．*课程．教材．教法*，*36*（3），108-113．

核心素养研究课题组．（2016）．中国学生发展核心素养．*中国教育学刊*，*10*，1-3．

刘瑜：诸善之间，http://www.aisixiang.com/data/43658.html．

马淑风，孙晶晶，Morris, A. J. & Anderson, R. C.（2016）．*合作推理式课堂——一种可以提高学生高级思维能力的教学方法．儿童阅读的世界 III：让孩子学会阅读的教育理论研究（李文玲，舒华主编）*．北京：北京师范大学出版社．

王蕾．（2009）．PISA 对大规模教育质量的评价解读．*考试研究*，*5*，46-59．

夏雪梅，杨向东．（2017）．核心素养中的"学会学习"意味着什么．*课程．教材．教法*，*4*，106-112．

杨向东．（2017）．基于核心素养的基础教育课程标准研制．*全球教育展望*，*10*，34-48．

于燕 .（2006）. NAEP 阅读评价体系述评 . *中学语文教学, 1,* 3-9.

郑明璐，伍新春，李虹，程亚华 .（2014）. 协作推理讨论——培养 "集体智慧"
的课堂教学模式 . *教育学报, 10*（2），58-64.

中华人民共和国教育部 .（2017）. 教育部关于印发《普通高中课程方案和语文等
学科课程标准（2017 年版）》的通知【教材〔2017〕7 号】.

Anastasi, A. (1988) . *Psychological testing(6th Edition).* New York, NY:
Macmillan.

Anderson, R. C., Chinn, C., Waggoner, M., & Nguyen-Jahiel, K. (1998) .
*Intellectually Stimulating Story Discussions.* In J. Osborn & F. Lehr (Eds.) ,
*Literacy for All*: *Issues in Teaching and Learning* (pp.170-186) . New York:
Guilford.

Azmitia, M. (1988) . Peer interaction and problem solving: When are two heads
better than one？ *Child Development, 59,* 87-96.

Billig, M. (1987) . *Arguing and Thinking*: *A Rhetorical Approach to Social
Psychology.* Cambridge: Cambridge University Press.

Chinn, C. A., Anderson, R. C., & Waggoner, M. A. (2001) . Patterns of discourse
in two kinds of literature discussion. *Reading Research Quarterly, 36* (4) , 378-
411.

Council of the European Union (2018) . Council recommendation of 22 May 2018
on key competencies for lifelong learning. *Official Journal of the European
Union,* C189/1.

Cronbach, L. J. (1951) . Coefficient alpha and the internal structure of tests.
*Psychometrika, 16* (3) , 297-335.

Dong, T., Anderson, R. C., Kim, I. H., & Li, Y. (2008) . Collaborative reasoning in
China and Korea. *Reading Research Quarterly, 43* (4) , 400-424.

Ennis, R. (1987) . *A Taxonomy of Critical Thinking Dispositions and Abilities.* In

J. B. Baron & R. J. Sternberg (Eds.), series of books in psychology. *Teaching Thinking Skills: Theory and Practice* (pp. 9-26). New York: W. H. Freeman.

Ennis, R. (2011). Critical thinking. *Inquiry: Critical Thinking Across the Disciplines, 26* (2), 5-19.

Fawcett, L. M., & Garton, A. F. (2005). The effect of peer collaboration on children's problem-solving ability. *British Journal of Educational Psychology, 75* (2), 157-169.

Golbeck, S. L & El-Moslimany, H. (2013). *Developmental Approaches to Collaborative Learning: Toward Collaborative Knowledge Creation.* In C. E. Hmelo-Silver, C. A. Chinn, C. Chan, & A. M. O'Donnell (Eds.), *The International Handbook of Collaborative Learning* (pp. 41-56). New York, NY: Routledge.

Goldenberg, C. (1992). Instructional conversations: Promoting comprehension through discussion. *The Reading Teacher, 46* (4), 316-326.

Griffin, P., McGaw, B., & Care, E. (2012). *Assessment and teaching of 21st century skills.* Dordrecht, NE: Springer.

Hmelo-Silver, C. E. & DeSimone, C. (2013). *Problem-Based Learning: An Instructional Model of Collaborative Learning.* In C. E. Hmelo-Silver, C. A. Chinn, C. Chan, & A. M. O'Donnell (Eds.), *The international handbook of collaborative learning* (pp. 370-385). New York, NY: Routledge.

Kuhn, D. (1991). *The Skills of Argument.* Cambridge: Cambridge University Press.

Kuhn, D. (1992). Thinking as argument. *Harvard Educational Review, 62* (2), 155-179.

Kuhn, D. (1999). A developmental model of critical thinking. *Educational Researcher, 28* (2), 16-46.

Ma, S., Anderson, R. C., Lin, T. J., Zhang, J., Morris, J. A., Nguyen-Jahiel, K.,

Miller B. W., Jadallah M., Scott 7., & Yi, S. (2017a) . Instructional influences on English language learners' storytelling. *Learning and Instruction, 49*, 64-80.

Ma, S., Zhang, J., Anderson, R. C., Morris, J. A., Nguyen-Jahiel, K., Miller, B., & Grabow, K. (2017b) . Children's productive use of academic vocabulary. *Discourse Processes, 54* (1) , 40-61.

Mehan, H. (1979) . *Learning Lessons: Social Organization in The Classroom.* Cambridge, MA: Harvard University Press.

Mercer, N., & Dawes, L. (2008) . *The Value of Exploratory Talk.* In N. Mercer, & S. Hodgkinson (Eds.) , *Exploring Talk in School.* London: Sage.

Mercer, N., Wegerif, R., & Dawes, L. (1999) . Children's talk and the development of reasoning in the classroom. *British Educational Research Journal, 25* (1) , 95-111.

Mullis, I. V. S., Martin, M. O., Kennedy, A. M., Trong, K. L. & Sainsbury, M. (2009) . *PIRLS 2011 Assessment Framework.* Chestnut Hill, MA: TIMSS & PIRLS International Study Center, Boston College.

Murphy, P. K., Greene, J. A., Firetto, C. M., Hendrick, B. D., Li, M., Montalbano, C., & Wei, L. (2018) . Quality talk: Developing students' discourse to promote high-level comprehension. *American Educational Research Journal, 55* (5) , 1113-1160.

Murphy, P. K., Wilkinson, I. A., Soter, A. O., Hennessey, M. N., & Alexander, J. F. (2009) . Examining the effects of classroom discussion on students' comprehension of text: A meta-analysis. *Journal of Educational Psychology, 101* (3) , 740.

National Assessment Governing Board, U.S. Department of Education. Reading Framework for the 2007 National Assessment of Educational Progress.

National Assessment of Governing Board, U.S. Department of Education, Reading Framework for the 2013 National Assessment of Educational Progress.

Paul, R. W., & Binkler, J. A. (1990) . *Critical Thinking*: *What Every Person Needs to Survive in a Rapidly Changing World.* Rohnert Park, CA: Center for Critical Thinking and Moral Critique.

Pellegrino, J. W., & Hilton, M. L. (2013) . *Education for Life and Work*: *Developing Transferable Knowledge and Skills in The 21st Century.* Washing, DC: National Academies Press.

Piaget, J. (1952) . *The Origins of Intelligence in Children.* New York: International Universities Press.

Resnick, L. B., & Schantz, F. (2015) . *Talking to Learn*: *The Promise and Challenge of Dialogic Teaching.* In L. B. Resnick, C. S. C. Asterhan, & S. N. Clarke (Eds.) , *Socializing Intelligence Through Academic Talk and Dialogue* (pp. 441-450) . Washington, DC: American Educational Research Association.

Reznitskaya, A., Kuo, L. J., Clark, A. M., Miller, B. W., Jadallah, M., Anderson, R. C., & Nguyen-Jahiel, K. (2009) . Collaborative reasoning: A dialogic approach to group discussion. *Cambridge Journal of Education, 39*, 29-48.

Sun, J., Anderson, R. C., Perry, M., & Lin, T. J. (2017) . Emergent leadership in children's cooperative problem solving groups. *Cognition and Instruction, 35* (3), 212-235.

Toulmin, S. E. (1958) . *The Uses of Argument.* Cambridge: Cambridge University Press.

Vygotsky, L. S. (1978) . *Mind in Society.* Cambridge, MA: Harvard.

Waggoner, M., Chinn, C., Yi, H., & Anderson, R. C. (1995) . Collaborative reasoning about stories. *Language Arts, 72*, 582-589.

Wells, G. (1998) . Some questions about direct instruction: Why? To whom? How?

And when? *Language Arts, 76* (1) , 27-35.

Wells, G., & Arauz, R. M. (2006) . Dialogue in the classroom. *The Journal of The Learning Sciences, 15* (3) , 379-428.

Wilkinson, I. A. G., Soter, A. O., & Murphy, P. K. (2010) . *Developing a Model of Quality Talk About Literary Text.* In M. G. McKeown, & L. Kucan (Eds.) , *Bringing Reading Researchers to Life: Essays in Honor of Isabel L. Beck.* New York: Guilford Press.

Wittgenstein, L. (1969) .*On Certainty* (pp.24, 163) . Dxford: Basil Blackwell.

Wu, X., Li, W., & Anderson, R. C. (1999) . Reading instruction in China. *Journal of Curriculum Studies, 31* (5) , 571-586.